AF329816

168

SOUTANES POLITIQUES

Ld⁴
8640

Tous droits de traduction et de reproduction réservés pour tous pays, y compris la Suède et la Norvège

JEAN DE BONNEFON

Soutanes
POLITIQUES

PARIS

VICTOR-HAVARD, ÉDITEUR

168, Boulevard Saint-Germain, 168

1893

AUX CURÉS

DES CAMPAGNES FRANÇAISES

HÉROS DE LA FOI

VICTIMES DES AMBITIEUX, LEURS MAITRES

Ce livre, en un admiratif respect, est dédié.

JEAN DE BONNEFON.

Juin 1893.

LIMEN

***

Ce livre a beaucoup de faiblesses. Ce n'est pas l'auteur qui les montrera du doigt aux lecteurs — ces lynx.

Il est pourtant un défaut dont on veut se disculper. Ces pages manquent d'unité, de cette qualité orgueilleuse que l'on demandait à la tragédie, que l'on n'exige plus de la comédie.

Les Soutanes politiques n'ont ni exorde ni conclusion. Les chapitres se suivent sans chaîne, photographies d'album prises au hasard du soleil romain ou de la lune française.

On n'a pas essayé d'écrire l'histoire de Léon XIII; on a voulu donner des notes simples pour les historiens à venir.

Les figures vues de près semblent toujours plus grandes qu'elles ne sont. Pour être ramenées à des dimensions exactes, il leur faut la réduction de la Mort, le clair-obscur du tombeau.

Être l'historien de Léon XIII vivant, ce serait voisiner en ridicule avec le personnage qui vient de lui dresser une statue à Carpinetto.

Le Temps brisera la statue et conservera sous cloche le titre de duc jeté à la vanité du donateur par la vanité du Pontife.

Les empereurs de la décadence voulaient seuls être immortalisés vivants ; ils savaient ce qui attendait leur cercueil.

J. B.

SOUTANES · POLITIQUES

LES RUINES DE L'ÉGLISE DE FRANCE

I

LE PARTI CATHOLIQUE ET SA POLITIQUE

Dans le courant de juin 1891, un document communiqué à plusieurs journaux nous apprenait que, pour répondre à l'appel adressé aux catholiques par l'archevêque de Paris, il s'était formé un Comité composé de vingt membres, sous le titre de l'*Union de la France chrétienne*.

Ce Comité tenait sa première séance sous la présidence du cardinal Richard.

Le Bureau du Comité était ainsi constitué :

Président : M. Chesnelong.

Vice-Présidents : MM. Keller, baron de Mackau, comte Albert de Mun, d'Herbelot.

Trésorier : M. Ferdinand Riant.

Secrétaire : M. Barthélemy Terrat.

Le Comité arrêta le texte d'une déclaration qui peut se résumer en une ligne : « Envisager toutes les questions politiques au point de vue religieux. »

Le parti, conçu depuis neuf mois, était venu à terme. MM. Keller et de Mackau avaient songé à faire irruption dans le milieu constitutionnel. Ils auraient voulu entrer dans le *Pioutisme*, au besoin sans M. Piou. On demanda conseil à un évêque très connu :

« La droite républicaine, répondit le prélat, est un rêve auquel il ne faut point songer. C'est ne rien comprendre aux choses d'Église que de nous proposer cette impasse. Croyez-vous, par hasard, monsieur, que mon diocèse se compose de communes?

— ? ? ?

— Erreur... il se compose de cent cinquante châteaux qui entretiennent mes œuvres. Le reste est une charge, rien de plus. Dans vingt-cinq châteaux, je trouve le portrait du prince Victor, et je salue ; dans vingt-cinq autres, je vois la photographie du prince impérial et du comte de Paris, mariées en un seul cadre ; je m'incline deux fois ; dans

les cent autres, la famille d'Orléans règne seule...
je salue trois fois. Mais partout, je trouve aide
pour mes écoles, pour mes pauvres. Et je n'ai ce
bonheur que dans les trois milieux dont je viens
de vous parler. Comment voulez-vous que je de-
vienne *Pioutiste?*

Plusieurs voyages vers Rome furent entrepris à
la suite de cette conversation; cela s'appelle des
pèlerinages *ad limina.*

M. Piou se mit en route le premier; il revint encouragé et raconta ses succès sous le manteau.

Mgr Freppel arriva second au Vatican; il revint
non moins encouragé, mais garda le silence.

Après mille hésitations, on décida d'abandonner,
pour le moment, la droite républicaine et de créer
un parti catholique pur, en dehors des assemblées
parlementaires et en s'adressant au pays. Le cardinal Richard résuma ainsi la pensée de tous :

— Il faut tirer du creuset un or sans alliage.

Les royalistes, qui avaient eu vent des négociations, profitèrent des pourparlers pour arriver.

Aussi, certains journaux prétendirent-ils que le
nouveau parti indépendant avait déjà tourné en
succursale du parti monarchiste.

Un fait condamnait pourtant ces suppositions :
le cardinal Richard aurait refusé de présider à
l'enfantement du nouveau groupe, si ledit groupe
s'était présenté avec une cocarde.

D'autres posaient une question :

— Pourquoi le spectre du cardinal Lavigerie a-t-il effrayé les *vingt?*

M. Riant aurait dit :

— Ne craignez-vous pas que nous ne devenions de simples caudataires, si le Primat d'Afrique se trouve parmi nous?

Certains disaient que S. E. Lavigerie avait refusé d'entrer dans le Syndicat.

Le clergé avait été exclu du Comité; cependant on l'admettait dans la troupe; il devait faire nombre et recueillir l'argent.

Le Comité s'était élu lui-même. Il se composait de vingt membres, la moitié d'une Académie.

Le manifeste qui servait d'acte de naissance au parti était une œuvre longuement étudiée où rien ne pouvait choquer personne, où l'on trouvait sur le but des signataires juste assez de renseignements pour en vouloir davantage.

Le meilleur moyen de connaître les principes est de se renseigner sur les hommes, nous demandâmes alors à un catholique de nous donner les portraits éclectiques des *vingt.*

Ce catholique devenu vieux, partant un peu sceptique, nous les a donnés trop peu flattés peut-être. Nous le regrettons. Mais ils sont curieux et valent d'être connus.

M. Chesnelong, sénateur, joue dans le parti le

rôle de duègne mâle, après avoir joué celui d'enfant terrible; porte du bruit et de la verve dans l'un et l'autre emploi.

Le baron de Mackau, député, un vaincu d'hier, qui pourrait être un vainqueur de demain, si la valeur et le désintéressement étaient armes suffisantes; met dans ses entreprises un esprit diplomatique si compliqué qu'il échoue toujours.

M. Keller, ancien député, un héros selon les uns, un timide selon les autres; un orléaniste selon tous.

M. Albert de Mun, le seul orateur de la droite, et peut-être de la gauche. Ses discours sont beaux comme la foudre; ils effrayent leur auteur.

M. d'Herbelot, ancien magistrat; une cravate surmontée d'une perruque.

M. Riant, conseiller municipal, honnête homme qui se dévoue toujours et partout, paie de sa personne et de sa bourse, ce qui n'est pas un mérite commun, parmi les entrepreneurs d'œuvres.

M. Terrat, président du Cercle catholique, aurait pu réunir la jeunesse intelligente; a préféré régner dans une cave; a succédé à M. Belluze, de sainte mémoire, sans le remplacer.

M. Ancel, du Comité des Cercles ouvriers; un spécialiste, connaît son affaire, qui est une des plus belles dans le monde catholique, mais ne donne guère d'autre résultat que de remplir les loisirs de ceux qui s'en occupent.

Le R. P. Bailly, un homme dont le dévouement ne connaît pas de bornes.

Le marquis de Beaucourt, président de la Société bibliographique, où l'on s'occupe de tout, excepté des livres catholiques. Véritable taupe de l'histoire, gratte depuis plus de quarante ans dans les bibliothèques; grand constructeur de chapelles où il place sa seule statue.

M. Lucien Brun, sénateur; un charmeur qui parle en français; sceptique de naissance, catholique de profession.

M. Buffet, sénateur, le plus spirituel des parlementaires; a vaincu M. Thiers; père illégitime du septennat.

M. A. de Claye, unique rédacteur d'un journal qui n'a pas besoin de plus.

M. le comte de Lanjuinais, passe sa vie à faire oublier son grand-père; plus catholique que nature.

M. Levé, directeur du *Monde*, un imprimeur qui se croit journaliste.

M. de Ravignan, sénateur; un grand nom qui évoquait le souvenir d'un grand seigneur et couvrait un petit bourgeois.

Le comte de Roquefeuil, président de l'Association de la jeunesse catholique française, a le courage d'un soldat, l'honneur d'un gentilhomme.

M. Thellier de Poncheville : compte pour un sur la liste.

M. Eugène Veuillot, nullité prétentieuse, a signé le dernier, se croit le premier ; a cette modestie qui est l'envers de l'orgueil ; il laisse au vestiaire le solide gourdin que lui avait légué son frère — le grand ; abandonné par son seul charme : sa sœur.

Tels sont les hommes qui se donnèrent la mission de parler aux catholiques de France au nom de l'Église.

Parmi eux se trouvaient des esprits différents, pour ne pas dire opposés, les uns tenant pour l'action, les autres pour la retraite.

Il fallut, dit-on, l'intervention du cardinal Richard pour que le Comité ne se disloquât pas avant d'être formé. On avait invité à la même table le grand Turc et la République de Venise.

Le fait le plus important en cette affaire, c'était que le nouveau Comité faisait appel à tous les Comités catholiques de province.

Certaines de ces assemblées très anciennes, très actives, rendent des services à la cause de la religion et à la cause des pauvres. On pouvait se demander si, en s'attachant à une section politique, elles ne perdraient pas leurs vertus et leurs influences. On crut qu'elles grandiraient encore en puissance.

En tout cas, on pouvait dire avec un homme à qui l'on offrait de signer le manifeste :

— « Il y a là-dedans plus de catholiques de sacristie que de catholiques d'Église. »

La fortune du Comité a été mince.

La discussion et les haines y ont fleuri comme en plates-bandes et le combat n'a fini que faute de projectiles entre ces hommes unis pour la défense de l'Église.

II

UNE LONGUE COMÉDIE

Il se joue, depuis 1891, une comédie, non pas d'Église, mais de trône et d'autel, qui égaya la France catholique ; car la France catholique connaît la gaîté méchante.

Les agences télégraphiques du monde entier firent les affiches et montrèrent certains prélats français portant en main la fleur épanouie de leur protestation contre l'idée républicaine.

L'intrigue de la comédie fut bientôt connue aussi bien que la distribution des rôles.

Feu le cardinal Foulon, alors archevêque de Lyon, jouait les Gérontes.

S. E. Richard, archevêque de Paris, faisait l'habile.

Le Comte de Paris remplissait, avec une aisance un peu lourde, le rôle du Roi.

1.

Un grand seigneur, qui est par hasard le plus zélé des royalistes, était le fidèle conseiller.

Enfin, le comte d'Haussonville avait bien voulu accepter le poste ingrat de souffleur.

Le premier acte fut joué en Espagne ; le second en France, le troisième à Rome.

Voici d'ailleurs un compte rendu fort exact de la pièce.

Le rideau se lève sur la chambre mortuaire du duc de Montpensier, beau-père du Comte de Paris.

Cette fin, qui ne met pas en deuil l'Espagne, pour qui la mort du duc de Montpensier fut un soulagement, rend très brillante la situation pécuniaire du Roi de France... *in partibus*. Au même moment, le pape Léon XIII souffre du mal de déficit, en son palais du Vatican. Le grand seigneur, en bon royaliste, est près de son maître pour le consoler et le féliciter. Mais, en bon catholique, il gémit sur la maladie dont souffre le Pontife.

Si les affaires privées du Comte de Paris sont en grande prospérité, ses actions politiques sont moins cotées ; la direction du parti est entre les mains d'un vieillard que le sommeil du scepticisme gagne doucement.

Le grand seigneur sait tout cela et il a une idée, — il est coutumier du fait.

En diplomate habile doublé d'un fin policier, il

a constaté la froideur indifférente du clergé pour la cause royaliste. Il s'en inquiète et communique son inquiétude au Roi.

— « Que penserait le prince d'une large aumône au Vatican ? Le feu duc de Montpensier n'est pas mort sans quelques péchés sur la conscience.

« Une générosité bien faite abrègerait peut-être les tourments du défunt dans l'autre monde et ferait cesser les malheurs politiques de l'héritier dans ce monde-ci. »

A ce discours, le Comte de Paris ne répond rien ; mais son esprit suit la pensée avec la lenteur qu'aurait la traîne royale d'un manteau de velours.

Le conseiller part pour la France, et, comme le poids d'une idée est trop lourd, il veut le faire partager au vénérable archevêque de Paris.

Le cardinal Richard approuve et s'empresse de communiquer la bonne nouvelle au Nonce. Ce prélat, sans retard, informe le Vatican. Aussitôt Léon XIII expédie une dépêche de condoléances au chef de la Maison de France ; le duc de Montpensier était mort depuis soixante-sept jours !

Le conseiller a l'honneur de rédiger la réponse et il profite de l'occasion pour reparler de son idée :

— « Je consulterai ma femme, répond cette fois le prince. »

Si l'esprit de la princesse est très ouvert, sa main est très fermée. Elle approuve pourtant, et le

Comte de Paris annonce qu'il va envoyer au prisonnier romain sa royale aumône.

Il expédie au Souverain-Pontife une lettre et... une somme de « quinze cents francs ».

Pour boucher un trou de dix-huit millons, c'est peu. Léon XIII n'avait pas oublié la générosité d'Henri V et de son auguste veuve. Il fut très irrité et attendit.

Vers la même époque, le cardinal Lavigerie avait fait demander au Roi, un secours pour la campagne anti-esclavagiste, et il n'avait rien reçu.

Il confia sa mésaventure au Saint-Père qui lui conta l'histoire des quinze cents francs.

Aussitôt Pape et Cardinal se trouvèrent républicains et jurèrent de détacher leur cœur du passé; cette glu qu'ils avaient prise pour une laque d'or.

Le cardinal Rampolla fut chargé d'exprimer les nouvelles opinions du Pontife et le Primat d'Afrique se chargea de formuler tout seul la sienne dans le fameux toast qui fit le bruit d'un coup de canon.

Le Comte de Paris, très anxieux, appela le grand seigneur, son fidèle conseiller.

— « Le cas est grave, dit ce dernier. Mais il faut dissimuler, ergoter sur la parole du Pape, qui n'est pas claire, et traiter en quantité négligeable l'opinion du Primat. »

— « Tous nos journaux ont couvert de fleurs le cardinal Lavigerie, répliqua le prince. »

— « Ils le couvriront de boue, repartit le conseiller. »

Sur ce mot régence, ainsi fut fait. Cela n'empêcha pas le mouvement catholique de grandir. Le flot roulant de la pourpre et du violet emportait la foule des prêtres et des laïques aussi. M. de Kerohant, avec plus de verve que d'à-propos, irrita le bas clergé. Par un mot malheureux, il fit se lever dans les âmes le démon de la contradiction, qui dort en tout prêtre et qui est si promptement debout.

Le cardinal de Paris restait seul à la monarchie. Tout en devenant prince de l'Église, Mgr Richard est resté hobereau et provincial. Bourgeois armorié, il est royaliste pour avoir l'air gentilhomme. Il a un pied dans le présent, l'autre dans le passé, et, comme dit l'Écriture, il boite de tous les deux.

Le fidèle conseiller, expert en hommes, comprit tout ce que l'on pourrait tirer de la vanité du prélat. Habilement, sans secousses, le vieillard fut amené à présider un Comité qui, sous des apparences catholiques, cachait des espèces royalistes. Le conseiller du Comte de Paris déploya, en cette affaire, plus de diplomatie que feu Talleyrand. Tout Comité se doit à lui-même et doit au public un manifeste. Tous les membres voulaient em-

ployer des termes clairs, des phrases transpa-
rentes et lumineuses, où l'idée monarchique
brillât comme un soleil sous le voile religieux.

Le cardinal fit une opposition féroce.

Théologien argumentant, doctrinaire profes-
sionnel, il voulut une rédaction obscure et mixte où
chacun pût lire ce qu'il lui plairait de lire. Et
c'est ainsi qu'en fait de proclamation royaliste, le
Comité finit par distiller une véritable bouteille
d'encre.

Cela ne faisait point l'affaire du fidèle conseiller.
Il demanda à l'archevêque d'adresser une lettre
de protestation privée au Saint-Siège contre la conduite des évêques républicains.

Ce document ne donnerait aucun travail ni
aucune peine à l'Éminence. Le conseiller avait en
poche toutes les notes nécessaires à la rédaction,
voire même le texte tout prêt.

C'en était trop : Mgr Richard éclata. On abusait
de son dévouement à la monarchie. On voulait le
compromettre, le perdre dans l'esprit du Pape. La
scène fut si violente que pendant un mois le conseiller du Roi dut se renfermer en lui-même et
réfléchir.

Il finit pourtant par trouver ce qu'il cherchait :
un prélat, vaniteux sans orgueil, royaliste sans
passé, ayant déjà servi avec zèle plusieurs gouvernements, un évêque dont la cervelle fut pétrie de

libéralisme vague, une épave religieuse de la tempête révolutionnaire.

Le cardinal Foulon, Primat des Gaules, archevêque de Lyon, était cet homme-là comme s'il avait été fait sur mesure.

Il avait atteint une situation que ses rêves les plus fous ne pouvaient lui faire espérer.

Ancien caudataire de Mgr Dupanloup, il demandait à se venger de s'être aplati devant la République en servant la Monarchie, comme il s'était déjà vengé d'avoir encensé l'Empire, en se faisant le familier de Gambetta.

Il n'aspirait plus du reste qu'à une chose au monde, et cette chose était un fauteuil académique : le parti des ducs pouvait l'y asseoir, l'y bercer, l'y endormir. Il n'en fallait pas davantage pour que Mgr Foulon accueillît à pallium ouvert l'envoyé du Comte de Paris.

On lui demandait d'écrire une lettre : il était disposé à en écrire dix. Il reçut la parole royale comme un rayon de Dieu lui tombant sur la tête, plus chaud que le soleil de Murillo éclairant le pouilleux célèbre.

Le conseiller eut pitié de cette platitude, honte de cet écrasement. Il se dit qu'un tel homme devait être, depuis beau temps, usé à Rome. Il n'osa pas demander une lettre pour le Pape à ce prêtre qui aurait écrit à Dieu et au diable aussi, si on l'avait voulu.

Il sortit de sa poche la lettre présentée au cardinal de Paris et longtemps couvée, comme l'œuf du chaos, dans la nuit.

Elle roulait l'angoisse dans le plus profond de ses phrases. Elle montrait un clergé perverti, perdu à jamais par l'idée républicaine. Elle disait l'orléanisme portant la foi et la discipline dans le fond des presbytères.

Et ce sombre tableau, paraphé, revêtu du seing archiépiscopal, du contre-seing de tous les secrétaires, du sceau de l'archevêché, fut expédié au cardinal Rampolla.

Cela se passait le 3 août.

Les agences furent chargées d'annoncer discrètement la grande nouvelle. Elles le firent bruyamment. Le diplomate et l'archevêque nageaient dans la joie. La curie romaine, avec une habileté toute italienne, ne s'émut pas, ne s'agita pas. Elle déclara simplement qu'elle n'avait rien reçu, mais absolument rien. Et elle ne mentait pas, car les envois du cardinal Foulon ne comptaient pas.

Le pauvre homme en est pourtant mort de chagrin, après deux ans.

III

LE CONGRÈS DE MALINES

Les catholiques français, ces intrépides qui, un jour, au nombre de trente mille, sur la colline de Montmartre eurent besoin de dix sergents de ville pour les défendre contre quatre-vingts voyous pâles, ces catholiques là n'ont pas l'audace de se réunir en France. Ce n'est pas la peur du Gouvernement qui les arrête ; c'est la peur d'eux-mêmes. Car le son de leur voix douce fait trembler leurs oreilles.

Voilà pourquoi de temps en temps ils vont chez les catholiques belges, gens dont les aptitudes pour le ridicule sont si complètes, qu'ils auraient depuis beau temps ridiculisé l'Église, si cette hautaine pouvait être atteinte par la sottise de ses serviteurs.

Les réunions en pays flamand avaient un intérêt lorsque les catholiques allemands venaient y étudier et y discuter, avec nos compatriotes, les questions religieuses, à l'époque où l'empire n'eut pas permis aux catholiques de se réunir en terre française. Le terrain neutre de la Belgique convenait admirablement pour ces rencontres pacifiques, où les paroles se croisaient comme des fers.

Il faut l'avouer : les Congrès catholiques étaient autrefois des réunions de savants, où les questions curieuses comme les questions pratiques étaient discutées avec simplicité, élévation et piété.

Aujourd'hui, ce sont des revues de parade où des prélats moitié laïques, se rencontrent avec des laïques moitié prélats, pour se féliciter les uns les autres, luncher maigrement et entendre de la musique. Ainsi le Congrès de Malines en septembre 1891, fut coupé par des concerts où l'on exécuta des morceaux tenant un juste milieu entre l'opérette et l'oratorio.

Du reste, dans ce fameux Congrès aucune discussion importante n'eut lieu. Pas un rapport, pas un document qui reste de cette Assemblée, comme une solide pierre commémorative.

Les intérêts du bas clergé, ce dépôt sacré et négligé, ne furent pas même mis en question, et dans l'Assemblée générale les orateurs se contentèrent de célébrer l'union de la Foi et de la Science, ce qui n'est pas un thème très nouveau. Ils ne songèrent pas d'ailleurs à y porter — un seul excepté — cette originalité qui est l'ongle du lion en fait de talent.

On ne voit pas du tout l'utilité d'une telle Assemblée pour l'Église et pour la France. Mais on comprend quel bénéfice net la Belgique a pu en retirer : les quêtes succédèrent aux quêtes en faveur de ce Congo, où le roi Léopold s'est taillé un coûteux empire.

L'œuvre secourue s'appelle *OEuvre de Matadi*, et elle a pour but de lester les missionnaires belges qui vont évangéliser six mille ouvriers non moins belges, occupés à créer un chemin de fer encore plus belge.

On parla cependant entre les quêtes et les concerts, et la France y eut trois orateurs principaux : Mgr d'Hulst, le Père Didon et M. Denys Cochin.

Il faut dire ce que sont ces trois hommes, représentants officieux de la France chrétienne dans toutes les Assemblées internationales. C'est une profession comme une autre.

Mgr d'Hulst est le prélat romain qui a su transformer l'Institut catholique de Paris en une école primaire et qui menace de faire tourner les conférences de Notre-Dame en sermons dans le désert.

A Malines, il saupoudra son discours du givre de morgue et de haine qu'il répand sur tous les auditeurs. Il montra une fois de plus cette faculté que ses amis appellent une merveilleuse faculté d'assimilation et que les indifférents confondent avec une prodigieuse mémoire, lui permettant de rejeter, en termes académiques, le trop-plein de ses lectures. Cet homme de réverbération littéraire joue à l'équilibre sur la pointe d'une science de dictionnaire, et l'auditeur croit toujours entendre pour la seconde fois ce que Mgr d'Hulst dit pour la première.

Il n'a qu'une ambition au monde : paraître dédaigneux. Sa voix, son geste sont étudiés pour ce seul résultat. Se croyant grand aumônier d'une cour à laquelle le trône fait défaut comme l'autel, le recteur de l'Institut, dit catholique, se croit obligé de jouer au prélat d'ancien régime. Il ne cause jamais, il protège toujours et s'il tend sa main — trop grande — c'est pour l'offrir à baiser.

Sa vie a été une longue suite de déceptions : il s'est muré dans une philosophie éclectique mise à la portée de sa foi tiède. Il s'est couvert d'idées politiques vagues où le Roi se marie en justes noces avec la Révolution, et où l'Église tombe dans les bras de tous les concordats. Il tend une main d'aveugle à l'Avenir et de l'autre essaye de se raccrocher au Passé.

Otez de dessous cet esprit les Vérités immuables de la Religion et il s'éteindrait comme le cierge tombé de son candélabre.

Il ne vaut que par l'Église qui n'a jamais rien gagné à la protection qu'il daigne lui accorder ; elle lui a donné un manteau violet où se draper, une doctrine où se loger. Hors ce refuge, il ne serait

qu'une momie sans parfum et sans bandelettes,
fluant de toutes parts dans des cathèdres trop
vastes.

Autre est le Père Didon : Ténor d'Église il séduit
par sa parole, les clientes de la Madeleine et de
Saint-Thomas-d'Aquin. Après s'être créé une spé-
cialité de sermons peu faits pour des laïques, il a
calmé ses ardeurs, et ses discours ne sont plus
aujourd'hui que des réclames pour le collège qu'il
dirige.

Du Père Didon revenir à M. Cochin, c'est reculer.
L'esprit de cet orateur est sec et pelé comme une
tête frappée de la teigne. Il s'est fait, à Malines, le
colporteur naïf des préoccupations du boulevard.
Il a parlé de la Russie et il a vu, dans les fêtes de
Cronstadt, la préface de l'union de l'Église russe
avec l'Église romaine. On aura décidément tout vu
dans ces fêtes, comme l'on voit tout dans un nuage
parce qu'il n'y a rien, comme l'on voit tout dans
la mer parce qu'elle est le plus menteur des
miroirs.

L'Empereur de toutes les Russies sera sans doute
médiocrement flatté d'avoir pour confesseur le
laïque M. Cochin. Sa Majesté est cruellement punie
d'avoir envoyé un télégramme à un Conseil municipal ! Pour lui prouver combien ils l'aiment, les
Français veulent lui ôter la moitié de sa couronne.

On comprend que pour traiter de pareils sujets,

il faille aller à Malines et parler belge. Si M. Cochin
n'a pas perdu son temps, les évêques et les docteurs ont perdu leur mitre et leur barrette dans
une course folle au lieu commun. Il faut espérer
qu'ils n'y reviendront plus, et que Malines a vu
son dernier Congrès.

IV

LA CONVERSION DU COMTE DE MUN

L'homme du parti catholique est le comte de Mun. Ce soldat laïque qui a ramassé le crucifix égaré par les évêques sur les champs de la politique, a fini par s'évader du Nouméa orléaniste où pâlissait son génie.

Il fut alors traîné sur la claie par les derniers badauds de la réaction qui, perchés sur le tas de leurs rêves, regardent à l'horizon s'ils ne voient venir pour eux ni un portefeuille de ministre, ni une clef de chambellan.

Ces gens, qui ne sont pas plus faits pour comprendre une question de principes qu'une question de fierté, ne voient pas que M. de Mun est resté ce qu'il a été toute sa vie : l'homme de l'Église et l'homme de l'Histoire. Sa politique est celle des Maistre, des Bonald, dans le passé ; des Manning, des Gibbons, dans le présent.

Si M. de Mun, au lieu d'avoir en face de lui des catholiques de sacristie, s'était trouvé en présence de protestants sincères, il aurait déjà réalisé quelque grande union comme l'armée des Chevaliers du Travail Américains.

Les obstacles contre l'œuvre sociale entreprise depuis vingt ans par M. de Mun, ne sont pas venus des républicains. Ils sont venus des conservateurs, qui ont porté au créateur des cercles d'ouvriers ces déceptions et ces tristesses, faites pour rebuter les politiciens et pour fortifier les apôtres.

Il s'est trouvé des marguilliers, bâtards des Montalembert, et des évêques disciples des Dupanloup, pour interdire à leurs prêtres d'aller entendre la parole du comte de Mun sur les questions ouvrières. Comme si l'avenir du travailleur ne devait pas être l'éternelle étude des serviteurs de Jésus le Nazaréen !

La politique de M. de Mun est un grand essai de méthode, incessamment repris pour arriver au bonheur du plus grand nombre. Cette méthode est assise sur le sol bien battu de l'Église. Autour de cette entreprise on dresse des pièges cachés qui arrêtent et brisent à tous pas la marche du penseur.

A son entrée dans la lutte, l'élévation de ses idées ne le préserva pas toujours assez des idées de salon qu'il avait trouvé semées autour de lui. Il garda (qui l'en blâmerait ?) une fidélité en deuil au dernier descendant de nos maîtres. Mais, plus tard, après la mort d'Henri V, il ne se raccrocha pas sans regrets à une monarchie qui, accomplie, serait une caricature de la République.

M. de Mun, trompé par ses plus belles qualités comme Napoléon par ses maréchaux, servit son parti avec un esprit ardent et aiguisé comme l'épée qu'il venait d'accrocher au mur.

Aux yeux des cuisiniers politiques, ce soldat bien armé ne fut pourtant qu'un utopiste. On l'exila dans sa propre gloire ; on le relégua dans une apothéose éclatante et inaccessible. Au fond d'eux-mêmes, les hommes de la demi-droite tenaient M. de Mun pour un orléaniste équivoque, aux opinions hybrides, pour un traître d'idées, fidèle par sentiments.

Un seul homme pourrait raconter les tristesses, les déboires, les humiliations d'une belle intelligence qui souffrait, comme souffrent les femmes amoureuses, d'être incomprise. Cet homme, c'est M. de Mun, et il a fermé ses souvenirs avec la double clef de sa loyauté de chrétien et de soldat.

Peu à peu, le député du Morbihan voyait tomber les illusions qu'il avait eues sur ses amis. Il coupait son âme par quartiers et disait : « Ceci est au peuple ; cela est à la Monarchie. » De là, des restrictions, des réticences, des hésitations qui ressemblaient à de la timidité et qui n'étaient que de la tristesse.

Ugolin d'une nouvelle tour de la faim plus haute que la tour de la faim du poète, M. de Mun mourait d'inanition intellectuelle au milieu d'amis qui le nourrissaient à coups d'encensoirs.

L'homme risquait de tomber dans des erreurs dangereuses que les politiciens, comme les filles séduites, paient de leurs larmes sans les racheter pour cela.

Des souvenirs du faubourg Saint-Germain opprimaient cet homme et, depuis cinq ans, on reconnaissait ses faiblesses à travers une haute pensée, comme on reconnaîtrait les fêlures dans la pâte d'un vase délicat et splendide.

Heureusement pour lui, M. de Mun avait mis la main sur cette question ouvrière qui est aujourd'hui le point noir de notre cancer, et qui sera demain un gouffre de mal dans les chairs de la France.

Peu à peu l'homme des humbles, l'éblouissant orateur fait pour séduire et enlever vers les hauteurs les plus lourdes masses ouvrières, cet homme-là a tué le politicien.

Par un de ces changements brusques qui sont les tremblements de terre de l'esprit des hommes supérieurs, le comte de Mun a bondi hors de son parti vieilli.

Depuis plusieurs années il essayait d'en sortir

discrètement. En 1888, il publiait un programme politique en seize articles, qui est le plan idéal du gouvernement catholique démocratique. Là, il déclarait que la politique sort du génie et des traditions d'un peuple, non pas des abstractions des légistes.

Il disait que si les sociétés peuvent se reconstituer après avoir été brisées, ce doit être en revenant aux principes qui ne changent jamais. Par cela même qu'elle était du passé, la théorie de M. de Mun se trouvait suprêmement de l'avenir : il écrivait la condamnation de toutes les monarchies constitutionnelles. Le programme pratique qui suivait était plus net et plus courageux encore.

Mais, faiblesse extraordinaire d'un esprit hardi, ce programme français et superbe fut publié par M. de Mun en anglais dans un journal anglais. L'ami des princes n'osait écraser le penseur ; il l'étouffait dans la cave d'une revue étrangère.

Depuis un an, M. le comte Albert de Mun n'a plus rien de commun avec les anciens partis ; il a repris sa liberté d'action. Les catholiques de France ont retrouvé un chef qui entre dans la République, non pas comme les Piou, en ouvreur de portières, mais en libre citoyen, assis sur une forte tradition.

Les royalistes essayèrent de l'attendrissement, de la pitié et des menaces. Ils ont voulu faire croire qu'ils avaient trouvé, sur leur terrain désolé, les membres rompus et méconnaissables de leur ancien ami.

La patte des ennemis voudra être une griffe et essayera de déchirer le beau soldat qu'elle a tant caressé. Mais M. de Mun n'a pas la coquetterie de la renommée, il en a l'orgueil et il est rassuré.

Sait-on quel est, pour le ramener, le grand argument? Un journal du matin nous l'a appris en menaçant, par la lettre d'un lecteur anonyme, le député de ne pas être réélu dans le Morbihan.

Les ouvriers à qui M. de Mun a donné mieux que sa vie, puisqu'il leur a immolé des préjugés de berceau, sauront prouver leur reconnaissance, et si l'on venait à tromper les paysans du Morbihan, je sais des Parisiens qui, sans partager les idées du catholique, voteraient pour lui.

Quand il y a un de Mun dans un Parlement, par simple patriotisme, on ne peut le laisser accroché aux buissons orléanistes des chemins creux de la Basse-Bretagne.

V

LE DUC JUPITER

L'Histoire, qui ramasse les bouts de faits et les bouts d'hommes, quand elle ne trouve ni hommes ni faits, l'Histoire écrira ceci :

La déclaration anonyme de la droite royaliste, publiée en juin 1892, a pour auteur M. le duc de Broglie.

C'est le Jupiter de comédie dans l'Olympe orléaniste qui, descendu de son trône, a dicté aux enfants des hommes la bonne parole.

Le manifeste n'avait pas été élaboré dans le rez-de-chaussée de la rue de Bourgogne, où se réunissent les agités de la droite. Il ne sortait pas de cet Alhambra à l'usage des pauvres de la politique, qui se donnent là rendez-vous pour prendre des airs de califes.

La déclaration est bien œuvre ducale, parce qu'elle n'est pas faite pour plaire à la foule. On n'y

rencontre pas la bonhomie du Comte de Paris. On
n'y est pas écrasé par la lourdeur de M. de Laro-
chefoucaud, duc de Doudeauville. On ne se noie
pas dans l'obséquiosité filante de M. d'Haussonville.
On y trouve ce dédain impassible que porte partout
M. le duc de Broglie.

M. de Broglie est aujourd'hui un vieillard :
soixante-dix ans ont sonné sur le timbre d'argent
de sa tête, et pourtant il est jeune à la politique.
Il est né à la vie publique en 1871 et il y est mort
à la chute du ministère qui porte son nom. Avant
et depuis, l'Histoire l'a reposé, comme Mme Grand
reposait Talleyrand... en l'usant.

Petit-fils de cette grenadière de lettres qui fut
Mme de Staël, il ne ressemble pas plus à son père,
l'ancien ministre de Louis-Philippe, qu'il ne ressemble à sa grand'mère, l'ennemie de Napoléon.

M. le duc de Broglie se croit beau, mais il ne
faut mettre sous cette expression de beau, rien du
frivole, du mince et de l'exigu que la foule y
place parfois.

En lui, tout est large, étoffé, opulent, les ma-
nières, la physionomie, la marche, tout, excepté
peut-être l'esprit.

Même de cela le duc de Broglie n'a pas manqué ;
mais l'esprit s'est changé, aux vents politiques, en
cette bête à prétention qu'on appelle l'Intelligence.

Le duc a aujourd'hui un tempérament digne

d'être anglais : blessé à mort, il n'en conviendrait jamais et mourrait en soutenant qu'il se porte bien.

Il ressemble, par sa tournure busquée, son air hautain, ses favoris blancs et ses cheveux soigneusement lissés, à un pair du Royaume-Uni plus qu'à un gentilhomme français. Tout, chez lui, a cette élégance irremarquable propre aux hommes qui ne veulent attirer l'attention que sur eux-mêmes et non sur leurs accessoires. Et même, M. le duc de Broglie veut-il attirer l'attention sur le génie qu'il se croit? On ne le sait. Il se tient pour une créature supérieure et n'aperçoit pas à ses orteils les gens près desquels il marche. Il traverse le monde à la manière des Immortels d'Homère, sur un nuage traîné par des chimères.

Dans son ambassade en Angleterre, il ne fut pas lui. Envoyé de M. Thiers, honteux de représenter une République, pressé aussi par des ambitions personnelles, il ne prit pas la peine de séduire et de charmer les Anglais. Malgré cela, ou peut-être à cause de cela, il les séduisit. La haute société de Londres a gardé de lui ce souvenir que l'on conserve, non pas à un étranger parti, mais à un compatriote longtemps absent.

Le duc de Broglie ne fut pas lui davantage lorsqu'il parvint au ministère. Il ne se trouvait pas en bonne compagnie, et il ne voulut pas demander aux

Chambres ou à la Presse les petits sous de la publicité.

A la tribune, il était curieux à entendre et à regarder. Il poitrinait là comme les soldats poitrinent au feu, comme les jolies femmes poitrinent au bal.

Rien, dans sa parole, ne rappelait le rédacteur de la *Revue des Deux-Mondes*. Il disait, d'une voix claire et pénétrante qui daignait s'élever juste assez pour se faire ouïr, et il tendait aux auditeurs son absolu mépris pour eux aussi tranquillement que M. le duc, son père, tendait sa boîte d'or pour offrir à tout venant un grain de tabac d'Espagne.

Quand il écoutait du banc ministériel, il était plus curieux encore, car il ne quittait jamais cet air de suprême indifférence qu'on a quand on s'occupe de tout autre chose que de ce qui vous est dit.

A l'Académie, M. le duc de Broglie commence à retrouver sa personnalité. Fusionniste littéraire comme il a été fusionniste politique, il essaye de réconcilier la religion et la philosophie, le naturalisme et l'idéalisme.

Dans le cénacle des Quarante, il est le chef incontesté du parti des ducs, de ce parti qui finissait à ce pauvre M. Xavier Marmier.

Il a succédé à Lacordaire, mais il y a si longtemps que tout le monde a oublié cet accident et qu'il semble aujourd'hui avoir succédé au feu duc

son père, à côté duquel, Thomas Diafoirus correct
il fut pourtant assis sous la Coupole.

Au milieu des Immortels, une chose gêne encore
le duc de Broglie. Il pense à avoir l'air de penser,
et cela le fatigue.

Pour voir et connaître l'homme, il faut pénétrer
dans l'hôtel très fermé, très nu et très austère de
la rue de Solférino. La façade, celle de l'hôtel
comme celle du duc, est moderne, mais l'intérieur
est ancien, un peu délabré, avec ce je ne sais quoi
de solennel et de moisi qu'ont les musées de sous-
préfectures.

Dans des portraits modestes, le turban de Mme de
Staël voisine avec le petit collet de M. Necker,
tandis que sur d'autres panneaux, dans des cadres
aux ors éteints, sourient plusieurs générations
de Broglie, depuis le Maréchal, en son costume
d'apparat, jusqu'à ce polisson de duc qui, demandant à souper à une grande dame dans son boudoir,
lui dit :

— On ne soupe bien que sur les champs de
bataille.

Dans ce décor, au milieu des boiseries sculptées,
sous des tentures défraîchies, M. le duc de Broglie
est enfin lui-même.

On ne peut pas ne pas admirer ce personnage de
vieille race, distingué, hautain, qui, du fond de sa
pâleur et de sa maigreur semble dire :

— Je suis un vaincu, je suis content et je vous salue.

Là, M. le duc de Broglie célèbre sa messe orléaniste avec toute la liturgie de la chose et somptueusement, comme un cardinal. Il tolère la conversation, cette fille des aristocraties oisives et des monarchies absolues, mais à condition qu'il en tienne toujours le dé.

Il est permis de croire que son neveu d'Haussonville est plus écouté par le Roi que par son oncle. Un soir, le fin lettré racontait avec emphase, devant le duc, son dernier voyage à Londres. Le récit se cordait péniblement et traînait. M. d'Haussonville s'interrompit avec courtoisie pour demander :

— Je ne vous fatigue pas, mon oncle ?

— Non, répliqua le duc en un demi-sourire, je n'écoute pas.

En voyant celui qui a de ces mots en famille, on comprend pourquoi la naissance, comme toutes les choses haïes, exerce, sur ceux qui la détestent le plus, une action qui est la première preuve de son droit.

Dans ce milieu de famille où tout est savamment ordonné, où les hôtels et les esprits ont la même régularité froide, apparaît souvent un homme qui se meut, s'agite et remue, véritable diable. Ce diable est un saint et un prêtre. C'est l'abbé de

Broglie, qui fut un brillant officier de marine, un danseur intrépide, avec des airs d'un prince français, comme son frère avait les allures d'un lord. Aujourd'hui l'abbé enseigne la philosophie avec précision, et le temps qu'il ne donne pas à la métaphysique, il le consacre aux pauvres, aux humbles et aux malheureux.

Quand le duc est charitable (et il l'est souvent), c'est toujours par le canal de son frère, afin de ne pas risquer de mettre sa main patricienne dans des mains calleuses.

L'abbé aussi a eu, pendant longtemps, le privilège d'être légitimiste dans la famille. Le duc n'aimait pas la monarchie d'Henri V., parce qu'elle était au-dessus de lui, parce que ce Roi, très Roi en tout, écrasait sous sa bonté le duché et la pairie de M. de Broglie. Au contraire, M. le duc aime la monarchie des descendants de Philippe-Égalité, parce que cette monarchie, il peut la dédaigner ; il se sent plus noble qu'elle.

Le Comte de Paris est intimidé devant M. le duc de Broglie ; il préfère la mâchoire de M. d'Haussonville. Aussi est-il permis de croire que la déclaration de la droite est le chant du cygne de l'ancien ministre ; c'est même le chant du cygne de la maison de Broglie.

Le duc actuel est le dernier de sa race politique et littéraire : ses fils ont repris la belle tradition du maréchal. Ils sont officiers et soldats de la France, dans cette République que leur père déteste.

La dynastie des Broglie finit ; celle des d'Haussonville continue : tout descend.

CARDINAUX MORTS, VIVANTS ET FUTURS

I

LE GRAND MORT

Quand Henri III vit son ennemi, devenu sa victime, le duc de Guise, couché assassiné, le Roi s'écria : — « Mon Dieu qu'il était grand ! » La mort, cette sœur cadette de la gloire, grandit parfois ses victimes et prépare les apothéoses.

Mort, le cardinal Lavigerie sembla plus grand que lorsqu'il était debout. Les faiblesses du caractère disparurent et s'éteignirent dans le nuage de pourpre qui enveloppait ce grand cadavre couché sur son lit de parade. La petitesse de ceux qui restent debout dans l'Église romaine grandit encore le colosse descendu dans la tombe que lui-même s'était préparée.

Elle est sur la montagne de Carthage, cette tombe, derrière l'église bâtie par le cardinal, cathédrale blanche et claire qui apparut un beau jour au-dessus du golfe tunisien, fleur africaine poussée vite après quarante mois de travail.

Le cardinal m'avait invité à l'inauguration de cette basilique nouvelle, et grâce à cette invitation, je compris ce qu'était le Primat d'Afrique sur la terre tunisienne. On vit tout un peuple — catholiques et musulmans — s'incliner sous la bénédiction du grand pasteur. On comprit qu'en Tunisie il était tout : les asiles, les collèges, les hôpitaux, les monastères étaient à lui et de lui. A ce vieux pays il avait rendu la jeunesse que peut créer le génie.

Au banquet qui suivit l'inauguration, le prélat fut superbe de charme et d'esprit. Il avait à sa gauche un grand financier qui lui demanda :

— Mais enfin, Éminence, où trouvez-vous l'argent pour créer de pareilles œuvres?

— Je n'ai jamais demandé à Dieu, répondit le cardinal, qu'Il me fît riche; je lui ai seulement demandé qu'Il mît les gens riches sur mon chemin.

Quelques minutes après, le cardinal voulut montrer à ses invités la place où il entendait reposer. Le trou avait été creusé, et comme le coadjuteur de l'archevêque se penchait pour regarder au fond, l'Éminence lui dit avec un large et gai sourire :

— Prenez garde, monseigneur, de descendre là-dedans avant moi.

Ceux qui l'avaient connu doutèrent encore, à la nouvelle de sa mort, malgré les dépêches et les nouvelles officielles, qu'il eût disparu tout à fait, qu'il fût descendu dans la tombe tout entier, ce lutteur qui, si souvent, se colleta avec la Mort, comme avec le seul adversaire digne de lui.

Il avait traversé tant d'agonies savantes et diplomatiques, avant d'arriver à une agonie involontaire et finale, qu'il semblait tremper son beau corps de héros antique dans la maladie pour en sortir plus vivant, comme on trempe l'acier dans l'eau afin de le faire plus résistant.

Tel était Mgr Lavigerie sur sa terre d'Afrique.

A Rome, dans ce dédale qui est le Vatican, il s'était créé une telle situation que tous, même le Pape, avaient pour lui une admiration pétrie de crainte.

Au temps où Léon XIII était en coquetteries réglées avec l'Allemagne, l'archevêque d'Alger avait, avec courage, défendu la France. Un jour même il avait dit :

— Votre Sainteté n'est pas informée, Elle est dupée.

Léon XIII trouva le mot dur. Un prélat de la

Cour fut dépêché près du cardinal pour exposer combien le Pape avait été froissé. Mgr Lavigerie appela un des nègres qui ne le quittaient jamais. L'autre s'avança et le cardinal lui donna un immense soufflet. Aussitôt le valet baisa les pieds de l'Éminence.

— Vous voyez, dit le Primat en riant, le grand plaisir que j'ai fait à cet homme; comme quoi le point d'honneur change, selon les latitudes.

Léon XIII, après avoir beaucoup craint le cardinal, s'était mis à beaucoup l'aimer : la glace fond au feu.

L'archevêque s'attardait peu dans Rome; ce républicain préférait son royaume d'Afrique.

Ami de l'utile, il y a répandu les missionnaires chargés de porter au loin les noms de France et de l'Église.

Amant du beau, il a semé la côte de villas à son usage, qui ressemblent fort à des palais, et planté, sur les ruines de Carthage, une cathédrale dont le luxe et la richesse rappellent les plus belles époques de la vieille cité.

Là, il ne cherchait pas les effets démocratiques. C'est ainsi que, pour construire la cathédrale de Carthage, il vint frapper à la porte de la vanité humaine — cette marâtre de la piété. Une souscription fut ouverte et tous les descendants des croisés furent invités à verser leur obole.

Une plaque de marbre armoriée, placée dans l'église même, devait récompenser les généreux donateurs. Le cardinal ne prit pas un d'Hozier trop sévère; et en parcourant la liste des souscripteurs, il put rééditer un mot célèbre :

— Je crois que beaucoup de ces gens-là descendent des croisés par les fenêtres.

La France suivait avec curiosité les inventions ingénieuses du potentat africain. On se passionnait pour la campagne anti-esclavagiste.

Tout à coup éclata, comme un coup de canon, le toast républicain. Jetant la note rouge de son uniforme de général au service du Christ parmi les sombres vareuses de nos marins, Mgr Lavigerie parla avec assurance; sa voix calme disait la force et demandait la paix. Il coupa le câble usé qui rattachait l'Église aux partis vieillis. Son œuvre servit alors de piédestal à sa haute figure; il ne pouvait plus que descendre.

Son voyage à Paris, en juillet 1891, réveilla les enthousiasmes, piqua les haines, excita les curiosités.

On aurait volontiers affirmé que le cardinal venait pour sa santé : heureusement, cette précieuse santé n'était pas atteinte, et le cardinal disait lui-même :

— J'irai voir les médecins quand j'aurai le temps.

Le meilleur moyen de guérir le mal de mer, seule souffrance qu'eut ressentie le Primat d'Afrique, est d'éviter les traversées par les temps orageux. Or, l'illustre voyageur était parti contre vents et tempêtes.

La vérité au sujet de ce voyage, la voici : depuis le toast où il acceptait la République, depuis la lettre où il épousait cette même République, Mgr Lavigerie n'avait pas cessé d'être en colère, d'une de ces colères actives qui démolissent tout ou... bâtissent quelque chose.

Il était attaqué chaque jour par les organes républicains, depuis les opportunistes tels que la *République Française,* le *Siècle* et l'*Estafette,* jusqu'aux feuilles anarchistes, en passant par les radicales comme la *Justice,* la *France* et le *Petit Parisien.*

A ces polémiques se joignaient celles très acerbes du *Soleil* et de la *Gazette de France.*

Il faut reconnaître que les excès oratoires de M. le comte d'Haussonville et de ses amis n'ont pas effrayé Mgr Lavigerie. Selon lui, la foule reste sourde à ces grands éclats : — La monarchie du Comte de Paris n'a pas derrière elle un passé et une tradition qui lui permettent de prendre le ton adopté depuis quelques mois.

M. le comte d'Haussonville n'avait jamais été légitimiste au temps où vivait le duc de Bordeaux, et il manquait d'autorité pour parler de droit divin après avoir tenu la République sur les fonts baptismaux, en compagnie de M. Wallon.

Plus grave était aux yeux du cardinal l'attitude de Mgr Richard.

L'archevêque de Paris, avec les meilleures intentions du monde et la confraternité la plus affectueuse, a fort innocemment creusé un fossé sous les pas du clergé républicain en couvrant de sa robe rouge les loques des politiciens royalistes.

La Chambre se chargea de mettre le comble à la colère du cardinal, par un vote qui annulait les efforts de ces dernières années contre l'esclavage et qui rendait inutiles les grands sacrifices pécuniaires déjà faits.

Ceux qui connaissaient l'archevêque d'Alger, savent l'ardeur qu'il portait dans ses entreprises :

— La passion seule, s'écriait-il un jour, fait faire les grandes choses.

Les obstacles étaient pour lui des jeux, et son esprit aimait à sauter les barrières.

Arrivé à Paris en triomphe, le cardinal dut partir en cachette. Ses admirateurs — ceux dont le dévouement n'était pas en pâte tendre de flatteries — pensèrent qu'il aurait mieux fait de ne pas venir.

Sa personne et sa politique paraissaient plus grandes au fond de l'Afrique qu'à Paris : le lion est plus beau aperçu au milieu du désert, que vu dans une cage au Jardin des Plantes.

Quelle distance entre le soir du toast historique et les journées de cette fatale semaine de Paris!

Au moment du toast, ce n'était pas la pourpre qui lui donnait son éclat; c'était lui qui donnait à la pourpre un éclat auquel elle n'était plus accoutumée. En trente ans il avait fait, contre difficultés et obstacles, une Afrique française. Il avait jeté les millions et les idées par les fenêtres ouvertes sur le désert.

Quelques mois se passent; voici le même homme à Paris; plus de palais, plus de réceptions. Dans un hôtel meublé, triste et sale, après un escalier aux tapis usés, on entre dans un salon aux ors blanchis, aux blancs jaunis. Le cardinal est dans un fauteuil étroit, en velours passé, qui ne rappelle en rien ce siège, moitié trône, moitié divan sur lequel il aimait à donner des audiences dans sa demeure africaine. Ce n'est plus le prince oriental dédaigneux et bienveillant qui charme et effraye, entouré de ses moines blancs et de ses serviteurs noirs — j'allais écrire de ses esclaves. — Ce n'est pas non plus un prêtre humble et modeste. On dirait plutôt un exilé, un vieillard, brisé par la lutte ou par la vie.

Pourtant, la foule cherchait les motifs de son voyage; car la popularité ne l'avait pas encore

quitté. Les gazettes en inventaient de sublimes et
de ridicules. Avec une franchise un peu naïve, le
cardinal dit la vérité banale en sa cruauté : il
venait chercher de l'argent ; il venait tendre une
main tremblante à ceux qu'il avait souffletés d'une
main triomphante.

Pour une conversation revue, corrigée et publiée, comme l'huissier de Molière :

Il est vêtu de noir et parle d'un ton doux.

Il demande pardon d'avoir été courageux et ne
trouve un mot cruel que pour son confrère, l'archevêque de Paris.

On s'attendait à une guerre entre les deux
prélats. Certains catholiques sonnaient déjà la
trompette du tournois. Ceux-là furent déçus :
Mᵍʳ Lavigerie publia un manifeste ironique et pa-
telin pour nier les propos tenus la veille et il demanda l'aumône non pas franchement pour ses
œuvres — on eût donné — mais pour un Toulotte
inconnu. Le résultat de cette marche humiliée, de
ces contre-marches humiliantes, ce fut un billet
de mille francs tombé de quelque bourse royaliste ;
ce fut une lettre spirituelle, respectueuse et insolente d'Arthur Meyer.

Après cette double victoire, le cardinal Lavigerie, malade de dépit, s'en alla bouder sous une
tente confortable, à Cambo, aux pieds des Pyrénées,
sous les sapins vert espérance.

3.

Il était alors à un âge où les passions ne viennent pas si elles ne sont pas déjà venues, mais où elles ne s'en vont pas si elles ont élu domicile dans une âme. Il ne devait plus sans doute renoncer à la politique et il était fort à craindre que le mot d'un autre cardinal à son sujet, ne se justifiât. Ce prélat disait :

— « J'avais toujours pensé que Mgr Lavigerie ne finirait pas sa belle carrière sans faire une sottise. Maintenant il peut mourir. »

Comme tous les grands civilisateurs ses frères, le cardinal ne comprenait rien aux querelles des partis. Il était placé trop haut pour bien voir les détails. Il était descendu trop vite pour les étudier au passage.

Au moment où sa politique religieuse était mise en échec à Paris, il travaillait à une entreprise toute française, par des procédés diplomatiques, qui appartiennent plus à l'école de Bismarck qu'à l'école italienne.

Il avait, sans marchander, réconcilié le Pape avec la République française ; car, il faut le redire, c'est lui seul qui a lancé Léon XIII dans dès chemins qui ne mènent plus à Berlin. Il a voulu faire mieux : il a préparé une alliance formelle entre le Saint-Siège et notre Gouvernement pour la politique intérieure et pour la politique orientale, bien décidé, s'il ne trouvait pas auprès du Gouvernement ce qu'il en attendait, à ne rien changer à ses principes ni à ceux de ses amis, toujours prêt à combattre pour la République, mais sans soutenir le personnel actuel de cette République.

Il ne s'agissait pas d'un traité écrit; il s'agissait, selon les termes d'un illustre personnage, d'une entente entre l'Église romaine et la France, comme il s'en fait entre une mère et une fille.

Le cardinal avait vu passer trop d'hommes et se passer trop de choses pour compter sur la reconnaissance des politiciens.

Mais il comptait sur leur intelligence, et il s'est trouvé humilié de ne pas avoir été compris. Il a été étonné de recevoir, en réponse à ses avances, les insultes des journaux, ce qui est peu, et les votes de la Chambre, ce qui est beaucoup.

Il voulait bien jouer les terre-neuve, mais il n'entendait pas jouer les dupes.

L'œuvre accomplie, autant que l'âge et la dignité, lui donnaient le droit de poser des conditions : c'est ce qu'il était venu faire à Paris.

Il faut ajouter que le Primat d'Afrique se préoccupait du prochain conclave; il aurait voulu que le nombre des cardinaux français et des cardinaux américains fût plus élevé, afin que les aunes de pourpre italiennes ne fussent pas plus longues que les aunes de pourpre du monde entier.

Sur ce point, il avait trouvé une oreille attentive

place Beauvau. Il y avait d'ailleurs une certaine parenté d'esprit entre le Ministre de l'Intérieur et le Primat d'Afrique; en d'autres termes, M. Constans était devenu l'allié un peu égoïste de l'archevêque.

Le cardinal, espérant contre toute espérance, voulait-il arriver au conclave prochain, appuyé par son gouvernement?

Si telle était sa pensée, il y avait pour lui un autre chemin allant vers Rome, et celui-là, s'il avait su le suivre, aurait été peut-être sans ornières.

Dans cet Orient immense qu'il connaissait et où il était connu, trente millions de catholiques sont égarés, et sa voix seule aurait pu les réunir au troupeau universel de l'Église romaine. Avant d'avoir usé ses forces dans des combats qu'il n'a même pas eu le courage de continuer, le cardinal aurait pu réunir en une assemblée tous les patriarches, tous les évêques de l'Orient schismatique et romain. Ils auraient sans doute écouté sa voix et leur longue théorie l'aurait accompagné jusqu'au trône de Pierre.

Mais ces rêves ne sont plus que des rêves.

Le cardinal Lavigerie, avant de mourir, s'est suicidé à coups de démentis et d'hésitations.

Une seule chose a manqué à sa vie : cette unité qui appartient aux grands hommes et aux saints.

Les royalistes dit-on, songèrent à la fin à exercer

sur lui une vengeance cruelle; puissants à l'Académie, ils l'y auraient fait entrer. Mais quelle chute que de tomber dans le fauteuil d'un Perrault ou d'un Doucet, après avoir essayé de monter sur le trône de Sixte-Quint !

Le cardinal Lavigerie, discutable et discuté pendant sa vie, apparaît aujourd'hui au fond de sa tombe, dans sa cathédrale de Carthage comme un héros national.

Soldat plus que prêtre, il eut la folie des grandes entreprises : il sema les œuvres, les colonies, les civilisations, sans se demander si sur les sables brûlants de l'Afrique conquise, la semence deviendrait moisson.

Il est mort fauché par la politique, cette vermine qui change en loques les soutanes où elles se logent.

Après avoir visé à la popularité sainte et innocente du civilisateur, du pasteur de peuples, Mgr Lavigerie en cherchait une autre sur la fin de sa vie : il est venu heurter sa maturité dernière contre l'écueil de la politique.

Sa célébrité comme civilisateur servit simplement à faire resplendir sa médiocrité comme politicien. Les royalistes s'amusèrent à éteindre, autour de sa tête blanchie, le nimbe d'or que l'admiration y avait allumé. Ainsi ferait un gamin qui viendrait renverser la lampe d'un sanctuaire.

Cette belle robe rouge, accrochée au clou de la politique, prend des airs de loque attristée. L'avenir sera-t-il indulgent pour cette curiosité mise au garde-meuble du xixe siècle, « le plus grand marchand de bric-à-brac de tous les siècles ».

Ne trouvera-t-il pas à ce prêtre trop laïque les corruptions du temps, la sentimentalité malade, le rationalisme involontaire, l'individualisme poussé jusqu'à l'égoïsme.

Cette âme vibrante, moins belle que sonore, cet esprit négligé, mais élégant, qui eut l'audace du paradoxe et la mollesse des parenthèses, ne subira-t-il pas des critiques sévères?

On regrettera sûrement que les nerfs de ce prêtre, qui auraient dû être calmes par profession, se soient tendus et se soient détendus comme des nerfs de femme. On déplorera que ce parleur n'ait pas touché avec une main assez sacerdotale à cette chose immense qui est le rôle de l'Église.

On s'étonnera qu'après avoir été le père d'une opinion hardie, il ait lui-même coupé les ailes, rongé les ongles à sa création. On lui fera un crime de l'indépendance de son cœur, de cette volonté d'acier qui ne lui a jamais permis de supporter un collaborateur ni d'entendre un conseil.

L'héritage de ses entreprises variées n'a pu être recueilli par un seul homme.

Pour continuer le cardinal Lavigerie, il aurait

fallu un chrétien sans peur, un pacha sans scrupules et aussi un colossal banquier.

L'Église de France ne possède pas ce phénomène. Personne désormais parmi les cardinaux faits pour être des vicaires, personne des nôtres n'impose la terreur et le respect dans Rome.

La crosse du cardinal Lavigerie était une cravache sifflante avec laquelle il savait faire exécuter à la Prélature romaine des exercices de haute école.

Dans les tempêtes de l'action, la force du cardinal Lavigerie fut de rester calme au milieu des colères les mieux simulées.

Il comprenait sa puissance le jour où il disait à un ami :

— « Moi, je n'ai jamais que les passions que j'ai intérêt à avoir. »

De tels mots devaient faire trembler dans sa robe le pauvre et doux Mgr Dusser, qui a recueilli un lambeau de l'héritage du maître.

II

SOUS DEUX CHAPEAUX

Tous les gens pieux durent, au mois d'octobre dernier, ouvrir les journaux avec la crainte d'apprendre que Mgr Léon-Benoît-Charles Thomas, et Mgr Guillaume-René Meignan fussent morts de bonheur.

Ils étaient enfin cardinaux et ils avaient si ardemment souhaité, si longtemps attendu cet honneur extrême, que la joie pouvait leur faire mal et changer en drap mortuaire le manteau large qu'on leur réservait.

Les deux archevêques commençaient à regarder la pourpre comme Napoléon dut regarder la carte de Russie avant sa malheureuse campagne. Ils avaient la certitude d'avoir tout fait pour obtenir le titre, mais ils avaient le pressentiment de l'insuccès.

Les démarches savantes, les longs retards, les

plus longues impatiences étaient d'ailleurs les seuls
traits communs qui réunissaient les deux candidats
à la pourpre.

On annonçait alors à un de ces moines qui
pavent l'Église comme des diamants jetés au milieu du strass universel, on annonçait à ce moine,
les prochaines créations de cardinaux.

— Comment se fait-il, demandait un profane, que
Léon XIII fasse entrer à la fois dans son Sénat un
homme utile comme Mgr Thomas et une ruine
comme Mgr Meignan ?

— C'est bien simple, répondit le moine, le Pape
sait que le seul défaut de l'archevêque de Rouen
s'appelle l'orgueil. En lui donnant pour collègue
de promotion l'archevêque de Tours, Sa Sainteté a
voulu prouver à Mgr Thomas qu'il ne faut pas s'en-
orgueillir des honneurs accordés, et que les chapeaux finissent par tomber sur toutes les têtes, même
sur les plus creuses, au risque de les faire éclater.

Mgr Thomas est un prélat pittoresque, mais enfin
c'est un prélat, mérite qui est grand à une époque
où les évêques ressemblent par leurs habitudes, sinon par leur modestie, à des frères Ignorantins.

L'archevêque de Rouen est le duc de Richelieu
de l'Épiscopat. La pauvreté évangélique n'est pas
son fait : il aime le luxe, il adore les beaux ornements, les vastes cathédrales. Il aimerait à signer
prince-archevêque de Rouen et à tenir une cour

nombreuse, comme ces prélats de Hongrie qui entrent dans leur cathédrale montés sur un cheval de bataille et suivis par des hommes d'armes.

Il dépense sans compter, si commander sans cesse peut s'appeler dépenser. Il a laissé à La Rochelle une succession pécuniaire si lourde que nul évêque ne voulut lui succéder. Il fallut descendre jusqu'à Mgr Ardin qui, pour avancer en grade, aurait accepté l'évêché de l'enfer.

L'archevêque de Rouen a trouvé depuis un ange gardien qui est un utile caissier : l'abbé Pierrot Desselligny sert plutôt de coffre-fort à son maître que de secrétaire.

Les dîners de l'archevêché sont gais, et si l'on n'y garde pas toujours le grand ton d'autrefois, c'est en souvenir des soupers où les marquis oubliaient dans leur jabot quelques grains de tabac ou y laissaient couler quelques gouttes de champagne.

Les soupers et le soin de son costume ne furent pas toujours les seules passions dont souffrît Mgr Thomas. Il aima la politique et la politique lui fut cruelle. Il apprit un jour que Léon XIII avait, pour le général Boulanger, un commencement de sympathie. Il voulut suivre le mouvement et il alla trop vite ; il perdit l'argent de son secrétaire dans un journal que l'on regardait à Paris comme la succursale du *Moniteur de Rome*.

Un secrétaire du général écrivit dans la feuille

de l'archevêque, et le prélat envoya sur sa carte des félicitations au dictateur futur.

Alors les yeux un peu éteints du cardinal s'illuminaient lorsqu'on lui parlait de Boulanger. Ils s'éteignent aujourd'hui comme des lustres après le bal, quand on parle du parti vaincu.

On a trouvé, dans je ne sais plus quelle perquisition, un billet de Mgr Thomas avec ces mots :

— « Bravo, général, vous allez chasser la canaille. »

Cette découverte retarda la promotion de l'imprudent, et feu le cardinal Mermilliod résumait avec esprit les effets religieux du boulangisme en France par cette phrase :

— « Cette grande crise a fait tomber un chapeau et monter une mitre. »

Le chapeau était celui de Mgr Thomas, la mitre était celle de l'abbé Lagrange. Celui-ci, fin diplomate en soutane, cœur de chrétien cousu à un esprit de païen, fut récompensé de son zèle officiel par l'évêché de Chartres.

Mais Mgr Thomas n'était pas homme à laisser à terre le chapeau qu'il n'avait pu ramasser. Ses ennemis prétendirent qu'après la défaite du général, il écrivit à M. Constans une carte expiatoire conçue dans les mêmes termes que la carte criminelle :

— « Bravo, monsieur le Ministre, vous avez chassé la canaille. »

Ce rapide changement de couleur politique méritait un changement de couleur épiscopale. Mgr Thomas reçut le prix de sa soumission et les rares cheveux qui dessinent sur sa tête une problématique auréole, se hérissèrent joyeusement en attendant de s'aplatir sous la barrette cardinalice.

Les boulangistes durent être satisfaits, en voyant Léon XIII remorquer une de leurs défroques. Le cardinal Thomas s'était à peu près noyé dans les antichambres de la rue Dumont-d'Urville. Il lui avait fallu beaucoup de diplomatie et infiniment de souplesse pour faire oublier ses méfaits.

Chaque fois que Béhaine, son protecteur au Vatican le proposait pour la pourpre, Léon XIII répondait :

— « Il est à l'eau ! Je vous dis qu'il est à l'eau !

— « Eh bien ! on le frottera, pensait le protecteur, et il deviendra rouge. »

La persévérance de l'archevêque de Rouen a enfin été récompensée, et l'on assure que l'excellent homme a envoyé le pompon de sa barrette — un œillet de soie — sur la tombe du général Boulanger.

Mgr Meignan, lui, n'appartient pas à la confrérie des repentis politiques. Il n'a jamais péché contre aucun gouvernement et son âme naquit soumise à tous les pouvoirs.

Si Mgr Thomas est tout rond, l'autre est tout pointu.

Le premier a de l'esprit qui n'est pas gâté par de l'affectation ; le second a de l'affectation qui n'est pas corrigée par de l'esprit.

La figure aplatie de l'archevêque de Tours avec ses tons fanés, ses rides accumulées, semble sortir d'un herbier où elle aurait longtemps séché.

On dit que le prélat a eu autrefois des chagrins, et son front luisant se couvre parfois d'un vernis mélancolique qui devient un instrument de conquête. Alors l'archevêque de Tours joue au Lauzun et ferait volontiers ôter ses bottes par des mains de bas-bleus, faute d'avoir à sa disposition des mains de princesse.

Simple abbé, il effeuillait dans le monde, au bord de quelques trottoirs couverts qu'il prenait pour des salons, un nombre infini de violettes mélancoliques sur les doutes religieux dont souffrait son âme pure. C'est là l'originalité de ce prêtre, originalité honteuse comme une lèpre : à certaines heures, quand il est descendu de l'autel pour se rouler dans de vieux fauteuils Voltaire, il pose pour le scepticisme.

Lui, qui pourrait être honnête en restant simple, ce que Dieu l'a fait, il se noie dans une avalanche de grands mots étourdis et publie à perpétuité des riens ou des choses communes, ramassées dans des dictionnaires oubliés.

Quand il joue cette comédie du scepticisme, il

semble débiter encore une leçon de catéchisme non pas du superbe catéchisme de l'Église, mais du catéchisme des salons philosophiques où il fréquente.

Il a, au suprême degré, par droit de vanité, ce que les femmes ont par droit de sexe, l'art de la fausseté. Pour rien au monde il ne voudrait être athée, mais il est flatté qu'on le croie tel.

Pour se punir des impiétés qu'il dit volontiers en fumant une grosse pipe, il se retire dans sa bibliothèque, redevient bon prêtre et étudie les prophéties messianiques. L'homme qu'est Mgr Meignan n'est pas un ange, mais l'homme qu'il veut paraître serait un diable.

Ses mœurs sont austères et elles semblent être perverties. Il prend volontiers des airs inconvenants, et par nature, il rendrait des points à Louis XIV, ce roi du convenable. Il traîne dans la maison d'une femme qui est d'âge canonique, mais près de laquelle il vient jouer le rôle ridicule de soupirant posthume. La personne déploie pour lui toutes ses grâces tombantes de clématite et le pauvre homme regarde les bas bleus de sa vénérable amie avec l'admiration qu'un cardinal doit garder pour les bas rouges.

Notez que tout cela se passe le plus honnêtement du monde et que Mgr Meignan joue au Lauzun comme il joue au Voltaire.

Il met un masque sur son honnête figure et heureusement, une fois dans sa chapelle, il ôte le masque pour se mettre sur son prie-dieu.

Pour le justifier, le cardinal Lavigerie disait un jour :

— « Le royaume du Ciel est aux faibles d'esprit. »

Il paraît que les honneurs de la terre leur sont aussi réservés.

Tels sont les deux cardinaux français dont s'est enrichi dernièrement le Sacré-Collège.

Un autre est encore plus récent : c'est Mgr Lécot, archevêque de Bordeaux.

Personne ne pourrait dire de ce dernier plus de bien que nous. Un seul homme en pense davantage : c'est lui-même.

III

PRÉLAT SANS PEUR

On invitait Rigault, le peintre, à faire le portrait d'un saint évêque ; — ce n'était pas le portrait de Bossuet. Rigault, qui avait de l'esprit au bout de la langue comme il avait du génie au bout du pinceau, répondit :

— « Ce serait un portrait trop difficile à peindre, parce qu'il n'y aurait pas d'ombres à mettre dans le tableau. »

Or, le portrait de Mgr Lecot ressemble à celui de l'évêque du xviie siècle ; il faudrait, pour plaire au modèle, le brosser sans y tracer l'ombre de l'ironie, dans la pleine lumière de l'enthousiasme et du respect, ce qui n'est pas aisé.

Ce prêtre, dans ses relations avec le pouvoir, a toujours été habile en restant archevêque. On s'en aperçut lors du voyage qu'il fit à Paris, en décembre 1891.

On le vit venir vers les hommes du pouvoir en messager de paix et il sut ne voyager ni en vaincu humilié, ni en fanfaron d'impertinence.

M. Fallières cuisait, raconte la chronique, de curiosité, avant d'avoir reçu celui que l'on appelait déjà le futur archevêque de Paris : on dit qu'après l'audience, qui a été fort longue, le ministre a senti le froid d'un glaçon dans les épaules.

Mgr Lecot fit au garde des sceaux un de ces saluts solennels comme l'on nous rapporte que les dames en faisaient un avant de danser le menuet. Mais il tira aussi un de ces coups de chapeau comme les mousquetaires en tiraient un avant de tirer des coups de fusil. C'est que Mgr Lecot n'a pas grandi sur les genoux des ministres ; il hait cette tartuferie de liberté, dont l'Église est en France la madame Pernelle.

C'est un évêque, ami du Concordat, à condition que le Concordat soit un asile commun à l'Église et à l'État, non une citadelle d'où les sectaires tirent sur les prêtres.

La rapidité de sa carrière, raconte toujours la chronique, aurait été accélérée par une pression présidentielle. M. Fallières, de la main un peu lourde qui est à lui, aurait, dans cette même audience, appuyé sur ce ressort et la réponse serait venue stridente :

— « Monsieur le ministre, l'homme se souvient ;

4

mais si pour l'archevêque l'indépendance du cœur devenait un devoir, M. Carnot serait le premier à m'approuver d'être indépendant. »

Droit, imposant, Mgr Lecot est arrivé comme il est reparti, sans que rien ait dérangé la solennelle économie de sa figure et de sa pose, pleines de dignité.

Au premier aspect, c'est un homme aimable, au parler doux, qui cause comme il marche, avec des semelles de velours, afin de faire moins de bruit.

Son visage beau reste délicat et nerveux; il n'est ni pâle ni rouge; il a un de ces teints dont la couleur semble émaillée et que l'émotion ne traverse jamais.

Le prélat est chauve du front et du crâne, mais, par derrière, ses cheveux tombent en longs fils d'argent, blancs comme le duvet d'un cygne, soufflés et roulés comme ceux de M. de Talleyrand.

Le feu de ses yeux, un feu perlé, scintillant, acéré, s'éteint dans un sourire charmeur qui vaut mieux que tout et que Monseigneur met par dessus toutes ses phrases. Le nez, frémissant et curieux, s'allonge avec élégance et l'homme tout entier apparaît campé joliment, mais solidement, sur des jambes bien tournées dans des bas de soie violets.

Tout son art semble être de ne pas se créer des

ennemis, et pourtant on ne peut pas dire qu'il soit sans adversaires : les gens de Dijon, tout un diocèse, le haïssent d'une haine féroce. Ils ne peuvent pardonner à leur ancien pasteur de les avoir quittés et de s'être laissé remplacer par un aumônier maritime en disponibilité, qui a toujours le mal de mer dans son évêché. Cette haine n'est-elle pas le plus complet éloge que les administrés abandonnés puissent faire de leur administrateur?

Le trop court épiscopat de Mgr Lecot en Bourgogne ne fut pas un temps perdu ; ses mandements éclatèrent comme des actions, et il eut le courage, cet évêque, de préparer, en un moment où ni la sainteté ni le génie ne sont fort en honneur, des fêtes solennelles, pour un moine qui s'était permis d'être à la fois un grand saint et le plus grand politique de son temps.

Mgr Lecot avait organisé le huitième centenaire de saint Bernard, qui, sous sa présidence, aurait été digne du sauveur de la France et qui, grâce au zèle soupirant de son successeur, menaça de tourner au ridicule.

Chaque fois que les membres du Comité venaient proposer à Mgr Oury un acte capable de rendre nationales ces fêtes provinciales, chaque fois le prélat regardait les ambassadeurs avec des yeux blancs de peur, puis disait :

— « Et le gouvernement? messieurs! »

Le gouvernement, qui est tout pour l'abbé Oury, aurait été peu de chose pour Mgr Lecot, en face d'un grand devoir historique à remplir, d'un beau sacerdoce à exercer.

Il l'a prouvé en venant à Paris, pour le bien de l'Église, compromettre un avenir personnel dont tous se préoccupent, dont lui seul a un juste souci.

Il n'a pas, comme certain autre évêque passager, fermé sa porte aux visiteurs pour la rouvrir ensuite avec plus de bruit. Il a dit à tous ce qu'il voulait et ce qu'il venait faire, parce que sa mission était simple et belle.

Au reste, qu'il n'ait pas été compris par le ministre, il n'y aurait là rien d'étonnant; car pour influencer les gens, il ne faut pas trop les dominer.

Aussi, malgré l'envie qu'elle en avait d'abord, la République ne s'est-elle pas avisée de réclamer Mgr Lecot. Cet évêque-là est fait d'un bois que l'on ne taille pas avec les canifs des bureaux ministériels. Il n'appartient ni au groupe qui se prosterne, ni au groupe qui insulte.

Il aime la paix et il l'a prouvé par sa démarche à Paris; il démontrera aussi, quand il le faudra, qu'il comprend la paix armée, et jamais il ne s'entendra avec ce que Proud'hon appelait les marcassins de la libre pensée.

Ce n'est pas un personnage à théories : il s'occupe plus d'être père et pasteur dans son diocèse que d'être régent ailleurs.

Même, un des caractères de Mgr Lecot dans son épiscopat est de rester toujours simple, simple à la grande manière des évêques du xviie siècle, en mettant dans cette attitude un peu de cette poudre française qui est l'esprit.

Les traits abondent dans sa vie sacerdotale. C'est lui qui, faisant un jour une tournée de catéchisme, interrogeait un enfant. Le gamin s'acharnait à l'appeler Monsieur. Le curé, désolé, soufflait à chaque phrase :

— « Mais dis donc : Monseigneur. »

L'évêque finit par répliquer avec un sourire :

— « Laissez donc faire cet enfant, monsieur le curé ; il parle très bien ; il parle comme un ministre. »

Mgr Lecot pourrait, on le voit, jouer sa partie d'homme d'esprit avec les plus brillants. Il ne le veut pas ou le veut rarement. Il trouve l'esprit chose trop mondaine pour qu'elle soit sacerdotale.

Il n'a jamais tendu la main aux gros sous de la popularité ; curé de Saint-Antoine, à Compiègne, il aurait volontiers vécu sans la mitre et la crosse, dans le calme de la sainteté, qui est pour lui le dernier progrès. Il aurait passé sa vie dans un loisir plein de dignité. Fidèle à ses opinions, il aurait cherché à faire le bien dans un cercle étroit sans s'agiter autrement des problèmes sociaux. Trop respectueux de l'avenir qui est à Dieu, pour lever les voiles du temps futur, il se serait plus occupé des misères certaines que des réformes possibles.

L'homme qu'il aurait été, s'il n'avait été évêque d'un temps troublé, se réveille parfois.

Ayant débuté au milieu de la Bourgogne, ayant continué sa carrière épiscopale dans le Bordelais, il disait un jour, après un de ces grands dîners qu'il n'aime pas, mais où il va par devoir :

— « Comme le rouge de ces vins me monterait à la tête, si je me laissais faire ! Ce serait la seule pourpre que j'aurais jamais à porter. »

Ce en quoi il se trompait, car l'archevêque de Bordeaux vient de recevoir le chapeau rouge qu'il portera comme un panache. S'il ne le possédait déjà sur le siège de Mgr Guilbert, qui fut un saint Jean bouche d'or, plus bouche d'or que saint, il l'aurait reçu comme successeur du cardinal Richard, dans le diocèse de Paris.

Et il arrivera à ce poste, le plus haut de France, non pas en flattant les gouvernements, mais au contraire en menant tout droit sa digne vie d'évêque.

Mgr Lecot est d'un trop mâle esprit pour jouer à

ces petites mathématiques innocentes de l'ambition que le hasard déjoue toujours.

Il vit dans la lumière de sa Foi, sans cette rêverie
d'un monde nouveau, confuse comme Babel, qui
hante le cerveau de quelques catholiques malades.
Au risque de passer pour un esprit plus fermé aux
choses dangereuses, qu'ouvert aux choses brillan-
tes, il se méfie des nouveautés inconnues. C'est une
sentinelle qui veille autour de l'Église de France
menacée. Et si jamais un gouvernement voulait se
poser sur le corps des évêques pour y prendre son
aplomb, on peut être sûr que Mgr Lecot s'agiterait
et se remuerait jusqu'à compromettre l'équilibre
du groupe.

REDINGOTES ET ROBES D'ÉGLISE

I

LA COURSE A L'ÉPISCOPAT

Les prêtres sont, paraît-il, candidats à l'emploi d'évêques, comme les sous-officiers à l'emploi de percepteurs. La marche est la même : recommandations de députés, lettres de sénateurs, certificats frelatés de civisme, voilà ce qu'il faut pour devenir pasteur d'âmes, comme pour avoir l'honneur de recueillir les impôts.

Le Concordat de 1516 a créé cette situation : depuis lors, le gouvernement choisit les évêques, et le Pape leur donne l'institution canonique.

Quand le gouvernement s'appelait le Roi, le danger était grand ; il n'est pas moindre quand le pouvoir est représenté par un Directeur des Cultes.

Un fonctionnaire ne connaît pas et ne peut pas connaître le clergé. La Révolution l'avait compris; mais en sa manie de suffrage universel, elle avait confié l'élection des évêques à tous les catholiques, au lieu de laisser ce choix aux assemblées ecclésiastiques.

Le Concordat de 1801 revint à l'ancien système et notre temps à progrès se promène dans le vieux fossé du xvi⁰ siècle : M. le Directeur, noyé dans une mer de dossiers, tire des noms au gré du hasard, ce qui ne vaut pas grand chose ; ou bien il se fie aux recommandations, ce qui vaut encore moins.

Il expédie sa liste à la Nonciature, qui choisit dans le diocèse du candidat un prêtre pour procéder à une enquête. Ce rapporteur est toujours l'ami ou l'ennemi du futur évêque, ce qui nuit à l'impartialité du document.

Ainsi, dans un diocèse breton, il y a nombre d'années, un évêque mourut. Le secrétaire de l'évêché fut chargé de gratter le passé d'un curé, proposé par le ministre. Il transforma en balles mortelles un vieux boulet de haine qu'il avait sur l'estomac et le rapport partit pour la Nonciature, venimeux, violent. Les faits reprochés étaient si graves que le Pape en prit connaissance :

— « Le secrétaire de l'évêché, dit le Pontife, doit d'abord être révoqué. Si les faits reprochés au curé sont exacts, le secrétaire a manqué à son devoir en ne les signalant pas plus tôt. Si le rapport est mensonger, le secrétaire mérite d'être interdit. »

Il faut ajouter que le rapport était calomnieux et que le rapporteur s'appelait l'abbé Richard. Il est aujourd'hui cardinal, archevêque de Paris.

Cet exemple ancien, choisi dans la période impériale, prouve combien la nomination des évêques pèche par le principe.

Un prêtre qui reçoit la mitre devrait être effrayé, terrassé, anéanti ; un évêché, c'est la responsabilité devant Dieu de plusieurs milliers d'âmes ; c'est la responsabilité devant les hommes de la chose la plus belle et la plus fragile qui soit : de la vertu du clergé tout entier.

— « Pour demander à être évêque, écrivait Bonald, il faut ne pas savoir ce qu'est un évêque. »

Il partageait cet avis, le ministre qui fit révoquer un curé, parce que ce curé, demandant un évêché, s'était prévalu de sa parenté avec lui, ministre.

Malheureusement, le gouvernement républicain a élu sans méchanceté, non par mépris de l'Église, mais par ignorance, des évêques bons à tout, excepté à être évêques. On leur a posé une question :

— « Êtes-vous républicains ? »

Et ils ont répondu :

— « Un peu. »

Les uns, les ambitieux, ont persévéré. Les autres ont jeté leur profession de foi par dessus les tours de leur cathédrale.

Mais tous réussirent à faire haïr la République, en leur personne, par le bas clergé qui, attiré par les idées nouvelles, en est éloigné par la platitude des évêques. Aussi la République a-t-elle des prélats comme ceux du second Empire, comme ce cardinal Bernardou, par exemple, dont la vie peut se diviser en trois convictions successives : Sous Louis-Philippe, il courtisait le duc d'Aumale, sous l'Empire, il ne prêchait pas sans parler de « notre magnanime Empereur » ; plus tard, il fit l'éloge du maréchal, et finit par orner le salon de Mme Grévy.

Un clergé de cette eau ferait croire qu'il n'y a plus de saints prêtres en France. Ils abondent comme les diamants dans la (caverne. Leurs supérieurs les cachent et les gens du ministère ont peur de casser leurs lunettes à la recherche de telles vertus.

Les catholiques s'asseyent sur le puits de la Vérité pour le boucher, et si cette pauvre Vérité lève les yeux, le spectacle qu'elle a ne doit pas lui donner envie de sortir.

On nous a donné deux sortes d'évêques : ceux qui retardent, ceux qui avancent. Les premiers posent en Iphigénies mâles, quand personne ne songe à les égorger. Ils se font une popularité de châteaux en agaçant le pouvoir civil pour le faire aboyer et, faute de lauriers, ils se couronnent de bandelettes de victimes.

Les autres — les avancés — croient servir la République et leur intérêt en couronnant de fleurs les puissants : ils donnent des bénédictions à M. Carnot, et en demandent à M. Constans ou à ses successeurs. Ces ridicules, qui sont des maux, tiennent au mode d'élection. On a raison de dire que les dindons ne crèvent pas les yeux aux dindons : les bureaux choisissent des hommes de bureaux.

A cet état, il y aurait un remède radical ; confier la nomination des évêques au clergé, sous réserve du contrôle de l'État. Pour cela, il faudrait briser le Concordat, vieux pot trop étroit, où s'étiole l'Église de France.

On pourrait, en attendant, trouver un palliatif : que, par un beau décret, le gouvernement supprime les soutanes violettes, les glands d'or, les croix précieuses, les bagues, tous ces riens auxquels le cœur de certains prêtres est attaché : qu'en fait. d'ornements, l'évêque ait sa crosse, pour bénir... ou pour crosser ; et il y aura déjà moins de candidats. Ceux qui se retireront ne seront pas regrettables !

II

FROCS ET DRAPEAUX

La tradition veut qu'un prélat soit de l'Académie française parce que l'Académie est un salon de bonne compagnie. L'usage demande que les Assemblées parlementaires possèdent un prêtre, bien qu'elles soient des salles de fort douteuse compagnie.

Les Assemblées de la Révolution ne manquèrent pas de prélats. Voici d'abord Grégoire qui, élu aux États généraux, fut le premier de son ordre à se réunir au Tiers. Ce prêtre, toujours en querelle avec l'Église, fut toujours désireux de rester prêtre.

Orateur lourd, incorrect, terreux, il allait à la postérité par le chemin des aphorismes : « L'histoire des rois, disait-il, est le martyrologe des nations. »

C'est lui qui, évêque de Blois, écrivait à un chef

de bataillon : « Tâchez de nous envoyer au jour
de l'an, en guise d'étrennes patriotiques, la tête
d'un Condé, d'un Artois, d'un Brunswick. » Cette
lettre ne l'empêchait pas de demander l'abolition
de la peine de mort et de dire : « Vous condam-
nerez Louis Capet à l'existence, afin que l'horreur
de ses forfaits l'assiège sans cesse. »

La logique était le moindre souci de Grégoire.
Nous le retrouvons, après la Révolution, sur un siège
de sénateur. Il a déjà applaudi au Concordat; mais
il accepte de l'Empire, contre lequel il a voté, vote
et votera, les titres et les décorations. De pieux
scrupules empêchèrent cet ancien conventionnel
d'adhérer au divorce de Napoléon et le privèrent
d'assister au mariage de Marie-Louise.

Tel est le prélat que les évêques-députés modernes ne réclament pas pour parrain, mais que les
libres-échangistes doivent reconnaître pour ancê-
tre : le premier, il demanda l'abolition des douanes.

De Grégoire à Lamourette il ne faut pas franchir
de grandes distances. L'évêque de Blois est lié à
l'évêque de Lyon par la chaîne solide du ridicule.
Ce fut le département de Rhône-et-Loire qui
appela à l'Assemblée législative ce lazzariste, grand-
vicaire d'Arras et grand ami de Mirabeau. Ce fut
Lamourette qui, le 7 juillet 1792, crut avoir fait re-
naître en France la paix intérieure.

— « Jurons, s'écria-t-il, de n'avoir qu'un seul

esprit, de nous confondre en une seule et même
masse d'hommes libres. »

A ces mots, tous les parlementaires tombèrent
dans les bras des uns des autres; mais l'accolade
ne fut pas longue et Maury, encore un abbé, mais
un héros celui-là, put dire : « Ce baiser d'Amou-
rette n'a été qu'un baiser de Judas. »

En un temps de trahisons et de duperies, il eut
le mérite de rester fidèle aux vaincus, cet abbé
Maury; il ne se contenta pas, comme Sieyès, de
vivre; il agit et il parla.

Il se permit d'avoir de l'esprit parmi des hommes
qui en manquaient, même lorsqu'ils avaient du
talent. Il eut le courage froid à l'heure où la peur
était violente. Un jour, menacé par un homme à
mine farouche qui l'avait reconnu et lui criait :
« Tu vas aller dire ta messe aux enfers », il répondit, en sortant de sa large ceinture un pistolet
à deux coups : « Voilà les burettes pour la servir ».
Et il passa.

La crosse de M. de Talleyrand serait un trait
d'union naturel entre les prêtres politiques de la
Révolution et ceux de l'Empire; mais cet homme
qui mit son génie éloquent et pervers au service de
tous les gouvernements qui se succédèrent en
France, fut un grand seigneur plus qu'un évêque.
Il reste une de ces raretés qu'on rencontre quelquefois au fond des races, et qui ne sont pas faites

pour servir de cariatides au coin des autels.

Cariatides par contre, mais superbes, les prélats qui, sous la Restauration, encombrèrent la Chambre des pairs. Personnages de haute lice, ils firent à la monarchie renaissante fond de tapisserie; et le plus vivant d'entre eux, celui que l'on appelait Mgr d'Hermopolis, ne fut guère qu'une momie dans des bandelettes neuves.

Le siècle devait pourtant avoir ses prêtres politiques, ses Mazarins d'opposition : ils s'appelèrent Lamennais, Lacordaire et Dupanloup.

Lamennais, représentant du peuple en 48 et 49, vint aux Assemblées quand l'Église l'avait déjà perdu pour ne pas avoir enchaîné au trône pontifical, par les cordons rouges d'un chapeau cardinalice, ce prêtre éblouissant. Il arriva désarmé de son influence, en même temps qu'il avait été découronné de son talent. Les partis le ramassèrent, le placèrent à l'Assemblée et lui jetèrent ses 25 fr. par jour — ses trente deniers de Judas.

Réélu en 1849, il siégea près de Félix Pyat, qui a fait de son voisin un curieux portrait : « Je le vois moindre de taille encore que cet autre Breton, son ami Châteaubriand, ses pieds pris dans des gros souliers à la Roland, mais avec une tête qui semblait absorber tout le reste du corps... des yeux... deux éclairs dans l'orage... deux rayons

dans le calme, un front, celui des grands Floren-
tins, aussi beau que celui de Dante. »

Dernier débris, l'esprit, celui qui pique et qui
mord, se cachait sous la redingote plate du député,
comme il s'était deviné sous la soutane de l'abbé.
Parlant des grands seigneurs de la droite, Lamennais disait un jour : « Ces gens ne voient plus dans
le pommeau de leur épée qu'une boule à scrutin. »

A l'Assemblée, Lamennais avait eu pour voisin
de passage Lacordaire. Ce moine, qui avait in-
quiété les yeux de la philosophie, venait s'en-
crasser dans les Parlements. Son premier discours,
qui fut le dernier, avait pour but de demander la
nomination d'une commission exécutive. L'essai
oratoire fut si malheureux, que le 18 mai Lacordaire envoya sa démission « au citoyen-prési-
dent » par une lettre que terminaient ces mots :
« En me séparant de l'Assemblée, je ne lui ôte rien
qu'une bonne volonté impuissante. »

Le démissionnaire alla cacher dans Rome sa
courte humiliation et profita de cette occasion
pour mener une campagne contre Louis Veuillot.

Cette haine contre Veuillot est le terrain où se
rencontrent l'orateur qui avait élargi la chaire
chrétienne et le prélat qui élargit l'épiscopat au
point de la déformer, c'est-à-dire Mgr Dupanloup.

Le plus connu, sinon le plus illustre des prêtres politiciens, l'évêque d'Orléans, fut une méca-

nique de Birmingham toujours prête à aller. Comme l'Empire, grâce à Dieu, avait longtemps détraqué le grand rouage, Mgr Dupanloup arriva dans les Assemblées avec un sac de paroles à vider.

Ce fut à l'Assemblée de Bordeaux que débuta le prélat. Il se fit dès d'abord le prédicateur officiel de la fusion. Il assit à la table de M. Thiers le comte de Paris et le président déclara au dessert ;

— « Dans huit jours peut-être, le comte de Chambord dînera ici. »

Sans mandat et sans pouvoir, Mgr Dupanloup fut à Chambord porter cette invitation et beaucoup d'autres.

Il reçut une royale réponse qu'il consigna sans la comprendre :

— « C'est inutile, mon parti est pris. »

Facteur rural et parlementaire de la réconciliation des deux branches royales, Mgr d'Orléans se tourna aussi vers les affaires du pouvoir temporel.

Son premier discours fut une longue flatterie à l'adresse de M. Thiers : « Placé au sommet des honneurs par la confiance universelle, arrivé aussi par le cours des années au sommet de la vie, vous savez mesurer de cette hauteur le prix des choses éternelles. »

Ainsi parlait l'évêque au président; et le président, pour ne pas être en reste, traita l'évêque de

« sincère ami de la liberté », de « noble citoyen. »

L'*Univers*, qui dans ce temps-là, s'il avait excommunié tous ceux qui attaquaient les évêques, se serait excommunié lui-même, l'*Univers* compara Mᴇᵣ Dupanloup à Pilate livrant Jésus-Christ.

Les mœurs parlementaires de cette époque sont aujourd'hui d'un élégant archaïsme. Cela semble une histoire de l'autre siècle que celle de cet évêque-député répondant à la question des classiques, en faisant jouer en grec des pièces grecques par des élèves de son séminaire. Un pasteur protestant, M. de Pressensé, y fut même invité et fit le lendemain, à l'Assemblée, un petit compte rendu de la chose.

Au Sénat, Mᴇᵣ Dupanloup prit ses invalides parlementaires. La popularité avait fui si loin du député gallican qu'il eut le nombre de voix strictement nécessaires, sans une de plus.

L'émotion du vieillard fut telle que le lendemain de l'élection, le 18 décembre 1875, il écrivait au journal *Le Français* :

— « Me voilà, à la fin de ma vie, rejeté comme Daniel dans la fournaise de Babylone. »

Monseigneur confondait deux faits bibliques : les enfants dans la fournaise et Daniel dans la fosse. Cette erreur fut la dernière que commit l'évêque d'Orléans. C'était un joli mot de la fin.

Mᴇᵣ Freppel, son successeur à la tribune nationale, orateur d'extrême droite, fut assez populaire en province, il y aurait mauvaise grâce de le nier ; mais ce ne furent pas les ecclésiastiques qui formèrent son cortège. L'évêque d'Angers avait certes cultivé de bonne heure sa faculté de parler native et il était devenu un moulin hollandais toujours prêt à marcher au premier souffle du vent. Mais il ne faudrait pas croire que le vent a toujours soufflé du même côté.

Voltaire écrivait au roi de Prusse : « J'ai trois âme pour vous admirer. » J'imagine que Mgr Freppel a eu trois cœurs successifs, le premier voué à l'Empereur, le second offert au comte de Chambord, le troisième consacré au comte de Paris.

Au fond, tout au fond de cet homme d'ordre, il pourrait bien y avoir un homme de révolution. Feu Raoul Duval disait de lui : « C'est l'envers d'un jacobin, un jacobin blanc. »

Par devoir de soutane, il se croyait obligé à jouer les Bonald et les Maistre.

Toujours assis entre un engouement et un ressentiment, il ignorait le calme, le calme superbe qui fait le prêtre. En février 1891, on le voit avec une agitation fébrile partir pour Rome ; à l'entendre, il allait effacer d'un mot la lettre du cardinal Lavigerie. Le Saint-Père lui fit comprendre que ce n'est pas à un évêque de se faire le commis-voyageur d'un prince auprès d'un Pape.

Comme l'évêque ramenait sans cesse la conversation sur le terrain politique, le Pape lui ferma la bouche avec cette phrase :

— « Je croyais que vous veniez me parler de vos ouailles, et non pas de vos maîtres. »

Quelque temps après la mort de l'évêque d'Angers, Mgr d'Hulst accrochait à la rampe d'une tribune électorale la seule chose qui pût inspirer le respect en lui — et encore était-ce lui qui était dans cette chose : il déposait sa soutane de prêtre pour prendre, à Brest, la livrée du candidat.

Le prélat inférieur qui dirige vers le naufrage l'Institut catholique et qui régente l'archevêché de Paris est un homme comme l'on doit en souhaiter pour ami à ses pires ennemis. L'élection de M. d'Hulst n'aura été un succès pour personne, si elle n'est pas un triomphe pour la République. Le gouvernement doit adresser des vœux à Dieu pour que beaucoup de petits d'Hulst croissent et se multiplient dans le Parlement. Les catholiques, ceux qui suivaient le dénouement de conciliation comprirent très bien que Mgr d'Hulst n'était pas élu comme prêtre, mais comme royaliste.

Les monarchistes, de leur côté, savaient fort bien dans quelle voie de libéralisme, — mensonge de liberté, — ce gallican en retard mènerait le roi dont il est le grand aumônier.

Aussi l'élection du prélat n'alla-t-elle pas toute

seule : sur les cent trente-sept délégués choisis pour désigner Mᵍʳ d'Hulst, parmi la fleur du panier orléaniste, si tant est que ce panier ait une fleur, il y eut nombre de Parisiens, gens qui ont des terres dans le Finistère et portent un nom breton, mais le portent plus souvent rue de Varennes ou faubourg Saint-Honoré que dans la lande natale. Un brave homme, royaliste de vieille roche, demanda si la circonscription était vouée au clergé à perpétuité, tout en remarquant que Mᵍʳ Freppel avait le mérite d'être un évêque français, tandis que Mᵍʳ d'Hulst est un prélat plus marron que violet, orné d'un de ces titres que l'on donne à Rome comme enseigne aux nullités encombrantes.

Un délégué ironique prétendit qu'il fallait choisir un candidat-prêtre, les députés ayant grand besoin qu'on leur fasse le catéchisme.

Il était trop facile de répondre que Mᵍʳ d'Hulst ne le ferait pas, parce que cet enseignement est trop beau, trop simple pour son esprit compliqué. Il était voué à faire de la politique et à porter dans la droite l'esprit brouillon qui l'a suivi dans toutes ses entreprises.

Heureusement le personnage perd un temps, qui n'est pas précieux, à se contempler. Tout l'éblouit en lui, et en lui seul; il admire son esprit qu'il croit de bon aloi; il admire sa piété qu'il croit sincère; il admire sa famille qu'il croit royale.

Il admire son physique, depuis le nez qu'il peut voir sans se regarder dans une glace, tant ce cap est loin devant lui, jusqu'au menton impérieux qui se relève et court au devant du nez pour le menacer.

M. d'Hulst s'admire depuis la bouche, qui est trop grande pour les rares meubles qui l'occupent, jusqu'aux pieds qu'il a fort longs et plats comme ceux d'un valet. Car cet homme, qui se dit bien né, n'a pas l'air grand seigneur, et quand par hasard il tend deux doigts d'une main lourde et mal tenue, on regarde s'il n'y a pas au bout de cette main un plateau ou une lettre. La tête penchée donne à toute la personne quelque chose d'oblique et de travers, et les yeux durs, faux, espionnants, tisons éteints d'un cerveau sans flamme, disent l'envie et la haine, deux défauts des gens en service.

M. d'Hulst est un personnage corrompu, blasé, vieux de civilisation et d'esprit; mais tout cela ne fait pas qu'il soit un gentilhomme, si par gentilhomme on entend un noble esprit doublé d'un noble cœur.

Au dix-septième siècle il aurait essayé de suivre un cardinal de Retz, qui n'aurait pas voulu de lui pour boutonner ses chausses. Sous Louis XV, il aurait été le confesseur du cardinal Dubois. Sous Louis XVI, il aurait tâché d'être secrétaire du cardinal de Rohan, qui ne lui aurait pas confié la rédaction des billets à ses maîtresses, mais qui lui aurait donné la mission d'écrire aux fournisseurs.

Enfin, sous la Révolution, il aurait sans doute suivi la carrière la plus voisine de celle qu'il a adoptée et serait devenu grand-aumônier de Philippe-Égalité. Né trop tard, il n'a eu aucun de ces bonheurs.

Ordonné prêtre en 1865, il débuta comme vicaire de la paroisse Saint-Ambroise, sous le règne de M. Langénieux, aujourd'hui cardinal, aujourd'hui royaliste, mais jadis fort impérialiste, et prédicateur extraordinaire des Tuileries.

Insuffisant pour le ministère diocésain, qui demande du zèle et de la piété, l'abbé d'Hulst fut bientôt envoyé à l'archevêché. Car la carrière de cet homme a cela de singulier, que son insuffisance dans tous les postes le pousse régulièrement à un poste supérieur, ce qui faisait dire à un prêtre parisien : « On le fera pape parce qu'il sera trop mauvais cardinal. »

M. d'Hulst fut appelé aux postes successifs de vice-promoteur et de promoteur à l'archevêché. On comprendra la délicatesse de ces postes, si l'on sait qu'ils donnent à leur titulaire la police ecclésiastique du diocèse.

Très pointilleux, très despote, très insolent,

M. d'Hulst fut, dans l'archevêché, le plus violent des juges de paix.

Égoïste comme M. de Fontenelle, dont il n'a ni l'esprit ni même cet excellent ton qui remplace l'esprit, M. d'Hulst fut mécontent des autres qui furent encore plus mécontents de lui. Pour le récompenser, on le nomma vicaire-général. Comme supérieur de quelques congrégations de femmes, il montra un esprit si tracassier qu'il fallut chercher un nouvel emploi à sa grande intelligence.

Les luttes universitaires se livrant alors, M. l'abbé d'Hulst se fit charger de fonder et de diriger l'Institut catholique de Paris. C'est là que, depuis plusieurs années, il rend beaucoup de services... au gouvernement de la République. Malgré le concours de professeurs savants et consciencieux il a délivré la haute Université, la Sorbonne et la Faculté de toute concurrence à Paris.

Ces résultats glorieux, il ne peut les nier; car il s'en est vanté dans un discours public, non pas en bégayant comme Brid'oison, mais avec le ton fier d'un marquis d'Almaviva, en train de compter ses conquêtes : « Nous n'avons pas d'élèves, a-t-il dit, mais nous avons dépensé beaucoup d'argent et il nous en faut encore beaucoup. » La dépense moyenne est de cinq cent mille francs par an, qui seraient mieux employés à favoriser les hautes études d'un certain nombre de sujets d'élite dans les facultés de l'Université.

La presse royaliste, indignée par ces paroles, faillit faire un mauvais parti au prélat romain, et le journal de feu Mgr Freppel n'épargna pas celui qui avait l'ambition de succéder à l'évêque d'Angers.

L'abbé d'Hulst est d'ailleurs un homme trop occupé pour donner grand temps à l'Institut qu'il dirige. Un de ces travaux extérieurs vaut la peine d'être raconté aux honnêtes royalistes du Finistère dont il est devenu le représentant : l'abbé d'Hulst est un des conspirateurs qui ont rompu le mariage du duc d'Orléans avec sa cousine. Il fut chargé d'exposer à la comtesse de Paris que Mgr le duc d'Orléans ne connaissait pas encore assez la vie pour fonder une famille. C'est donc ce prêtre qui a béni et protégé la scandaleuse aventure dans laquelle le duc d'Orléans a fait au duc de Chartres la plus mortelle injure qu'un prince puisse faire à un autre prince, qu'un jeune homme puisse faire à un vieux soldat très noble.

Les mariages, ceux qui se manquent et ceux qui se font, ne portent pas bonheur à M. d'Hulst. Si l'on veut savoir jusqu'où va la délicatesse mondaine de cet abbé, il faut se rappeler le mariage d'Hauterive-Dumas. Le recteur de l'Institut catholique fut invité, disent les uns, s'invita, affirment les autres, à bénir l'union de Mlle Jeannine Dumas et d'un jeune officier. Avec la grâce et le charme qui sont à lui, M. d'Hulst trouva le moyen, en son petit discours, d'être de la plus silencieuse insolence pour Alexandre Dumas. On a le droit ou le devoir, quand on est prêtre, de ne pas partager les opinions du spirituel académicien, mais on s'abstient alors de paraître, ou bien l'on reste poli.

M. d'Hulst n'a pas, en d'autres circonstances, montré cette intransigeance de principes. Un jour il déroula dans une Revue, le long de M. Renan, la plaine ratissée d'un article où l'éloge poussait à côté de la critique, comme la carotte à côté du navet.

Tel est l'homme qui a choisi la Bretagne pour champ de manœuvres. Son élection n'a pas été un bonheur pour les électeurs. Elle ferait pourtant des heureux, si, comme on l'espérait d'abord, on n'avait lancé M. d'Hulst à la tribune que pour en débarrasser la chaire.

Les victimes de Notre-Dame, les auditeurs qu'il réduit au pain très sec de sa théologie de dictionnaire, béniraient alors les gars de la lande.

Quoi qu'il arrive, quand il aura échoué dans la politique, on le roulera dans la pourpre, à moins que les électeurs ne le remisent bientôt au magasin des accessoires inutiles.

Plusieurs insuccès oratoires laissent aujourd'hui à l'abbé d'Hulst des loisirs qu'il emploie à compléter l'organisation de sa police personnelle.

De tout temps, le cabinet verdâtre de l'Institut dit catholique a servi de bureau de placement aux abbés en quête de préceptorats et aux institutrices en détresse. M. d'Hulst case gratuitement ces malheureux dans le faubourg Saint-Germain, ou ailleurs. Il les divise en escouade et brigade pour l'espionnage des maisons où ils sont placés. Tout ce monde vient au rapport chez le prélat à heures et jours fixes. Quand Monseigneur arrive de voyage il envoie à ses obligés des télégrammes de convocation extraordinaire. Il faut ajouter que les précepteurs ne sont pas toujours de premier choix. Par des lettres très aimables, l'abbé d'Hulst vanta et recommanda jadis le fameux abbé Saint-Yves, interdit depuis et même arrêté pour délits de droit commun.

Si les gens que l'abbé d'Hulst recommande sont d'une vertu défraîchie, les livres qu'il protège sont d'une orthodoxie suspecte.

Le recteur de la rue de Vaugirard a vanté dans le *Correspondant* l'œuvre d'un abbé — pion de sa maison — et cette œuvre vient d'être mise à l'*Index*.

Il y a quelques années on fit silence sur des propositions hasardées que M. d'Hulst avait émises.

Depuis lors, il s'est lancé sur le terrain biblique pour y faire une chute cruelle. Sortant de l'humilité conforme à son modeste savoir il s'est mis à braire et le Père Brucker, jésuite, nouveau Martin, l'a vertement ramené au moulin.

III

LES GAIETÉS D'UN VIEILLARD TRISTE

Lorsque tous les ans Mgr Richard part pour Rome, on donne tant de raisons ou tant de prétextes à ce voyage que la route de Rome ressemblerait, si l'on voulait croire les chroniqueurs d'église, à la scène du Châtelet, lorsque l'on y joue un voyage féerique avec trappes, coulisses et ficelles.

Or, le voyage de l'Éminentissime prélat avait cette année une cause aussi simple que l'esprit du voyageur.

Sa Grandeur était expédiée en mission par les princes de la Maison de France. Elle s'en allait, pour le compte d'une agence de Foy matrimoniale dont Mgr d'Hulst, serait le secrétaire général, Elle s'en allait négocier, auprès du Pape, le mariage de S. A. R. le prince de Naples, héritier de la couronne d'Italie, avec la princesse Marguerite d'Orléans, celle qui fut la charmeuse de Clairvaux.

Le marquis de B... chargé des négociations de cette délicate affaire, n'avait pas trouvé de meilleure combinaison que de la mettre sous la cloche de la robe d'un cardinal. Or, l'on sait ce qui se met sous les cloches, il y mit l'archevêque de Paris.

Cet excès d'honneur effraya le saint vieillard qui avoua son ignorance en matière de diplomatie matrimoniale, il confessa son impuissance en cour de Rome. M. de B... eut réponse à tout : l'archevêque pria, et éclairé par la prière, il accepta la mission d'aller convertir le Pape à un mariage impossible sans le consentement du chef de l'Église.

Tout rendait à Rome notre archevêque fort peu sympathique. Sous son règne, les aumônes avaient baissé et il était peu probable que les présents dont le chargeait la famille d'Orléans augmentassent beaucoup son excédent de bagages.

Sa voix, dont les sons rappellent ceux des mandolines grattées aux bouts des ponts par des aveugles maigres, cette voix n'est pas persuasive.

Le pauvre cardinal ressemble beaucoup, à Rome, à ce Parisien envoyé comme préfet en province, et qui ne revenait plus qu'à regret sur le boulevard. Un ami lui demandait pourquoi cette rareté :

— « C'est que, répondit l'autre, en province je suis M. le Préfet, ici, je reste M. X... »

A Rome, Mgr Benjamin Richard n'est pas chez

lui, il n'est plus le cardinal tout court, il est simplement un cardinal-prêtre du titre de *Sancta-
Maria in viâ* et son filet rouge se noie dans les
flots de pourpre. Il n'est plus admiré que par son
secrétaire, un pauvre abbé qui a toujours l'air
d'un chat en train de boire du vinaigre versé par
la main de son maître. Les préoccupations, plus
encore que le soleil, mettent son cerveau en feu
et sa conversation s'en trouve toute tarie.

Sa piété régulière et étroite se sent fort gênée
dans cette Cour romaine, où la politique tient plus
de place que les prières. Il assied sa maigre personne sur des fauteuils dessinés pour de grands
Médicis, comme la princesse Cunégonde s'asseyait
en croupe sur le cheval dans *Candide*, sans trop
savoir où elle se trouvait.

Faible de corps, moins fort d'esprit, toujours en
proie à des organisations de confréries, il ennuie
le Pape. Il perd son temps en révérences cérémo-
nieuses, comme la tradition nous rapporte qu'on
en faisait avant de danser le menuet. Il passe une
langue sèche sur ses lèvres minces, comme s'il
cherchait à couper la première avec les secondes.
Ses yeux sont deux petits trous longs, sans cils,
qui semblent s'en aller de travers, comme la
bouche. Le nez seul vit dans cette figure ; mais il
est long, comme celui d'une dame rendue respectable par l'âge. Enfin, le cardinal Richard n'est pas

laid comme le péché, quand le péché est scanda-
leux ; il est laid comme la vertu, quand elle est
morose. Mais les gens ennuyeux font souvent des
choses amusantes malgré eux et c'est ainsi que le
cardinal Richard a le voyage gai !

Au printemps de l'année dernière, il était allé à
Rome, il y retourna en hiver, toujours pour le
même motif. Pendant huit mois, l'archevêque avait
prié pour le succès de sa mission ; éclairé par cette
prière, il acceptait d'essayer un nouvel effort en
faveur de la fille du duc de Chartres et publiait
une lettre pastorale qui n'était, au fond, qu'une
préface à ce nouveau voyage.

Il y a pourtant quelque différence entre ces deux
déplacements si rapprochés du cardinal Richard.
Au mois d'avril il allait en paix vers le Vatican,
cette fois il partait en guerre.

Comme les filles vieillies dans le célibat dont il
a le charme et la dévotion, le cardinal pardonne
difficilement. Invité à prendre place à la Fête Nationale du 22 septembre, il répondit avec aigreur
et s'abstint. M. Dumay, directeur général des Cultes,
passait pour avoir fait à ce sujet une série d'observations désagréables. Ce fonctionnaire, il est vrai,
avait démenti les propos qu'on lui prêtait ; mais
l'Éminence, dont l'épiderme est très sensible, voulait se venger à Rome de l'ombre d'injure qui avait
traversé son soleil. Il voulait obtenir que le Pape

prît en main sa cause et demandât, par voie diplomatique, la destitution de M. Dumay.

Cette aventure n'était, bien entendu, qu'un prétexte, et s'il s'agissait de révoquer le directeur des Cultes, c'est tout simplement parce qu'il s'était montré justement sévère à l'égard d'un prêtre de Paris, candidat à l'épiscopat et protégé du cardinal Richard.

Si, d'un autre côté, Mgr Richard comptait sur l'influence de l'ambassadeur de France près le Vatican, le vénérable archevêque se trompait. La Fête Nationale du 22 septembre avait été célébrée officiellement par l'ambassade. Le clergé de Saint-Louis s'était rendu en voiture de gala au palais où se donnait un *ricevimento*. Pour cela, l'ambassadeur s'était mis en règle avec le secrétaire d'État, et le supérieur de Saint-Louis avec le cardinal-vicaire.

Le Vatican avait même souligné ses bonnes intentions à l'égard de la République, en élevant enfin à une prélature de première classe l'abbé d'Armalhac, supérieur de Saint-Louis, à l'occasion de la fête du 22 septembre.

Rien d'étonnant si le cardinal Richard revint de son second voyage comme Napoléon revint de Waterloo, avec cette différence que le pauvre cardinal n'a jamais eu de soleil d'Austerlitz.

En allant demander vengeance au Pape, il aurait

dû se rappeler le jour où, simple évêque, il implorait auprès de Pie IX l'autorisation de prendre des mesures contre les prêtres fumeurs.

— « Comment voulez-vous que je fasse cela, répondit le Pape, moi qui fume régulièrement un cigare tous les jours. »

Léon XIII put répondre à l'archevêque de Paris :

— « Vous me demandez de vous soutenir dans votre refus d'assister aux Fêtes Nationales ; mais j'ai moi-même fait célébrer à Rome la Fête française du 22 septembre. »

IV

ÉVÊQUE ET MARTYR

Il y avait autrefois une amusante statuette du siècle dernier dans l'archevêché d'Aix. La statuette était en faïence grossière et représentait un prêtre loqueteux, maigre, émacié, timide et courbé en un geste obséquieux. On tournait l'objet : au lieu de voir le dos du même personnage, on apercevait un prêtre gras et bien vêtu dont le ventre et le nez se cambraient ; les mains étaient passées dans une ceinture très large et la figure tout entière éclatait de joie. Cette statuette de Janus ecclésiastique doit avoir disparu lors du procès Gouthe-Soulard par les soins de quelque grand-vicaire. Elle aurait semblé une impertinente caricature de l'archevêque. Les visiteurs auraient pu croire qu'elle avait été moulée sur le personnage, en qui il y a trois hommes : l'homme d'avant la lettre, l'homme d'après la lettre, et l'homme du tribunal.

Le premier était l'ami du gouvernement, l'ennemi des conservateurs ; le second fut le héros des royalistes, l'adversaire de la République. Le troisième est l'ami du genre humain.

Le premier appartenait à une atroce variété d'évêques : l'évêque constitutionnel, humanitaire, bavant la paix et la fraternité, faisant des opuscules que son domestique seul allait acheter chez le libraire.

Le second voulut être le serpent sous l'herbe — l'herbe de sa lettre touffue. — Il ne fut qu'un ver blanc qui essaya de percer le bois où il s'était logé.

Le vieillard désabusé a voulu s'éteindre avec une majesté grandiose et mettre autour de son crâne chauve l'auréole de la persécution.

Mais il diffère des grands évêques, des évêques martyrs, parce qu'il a été condamné pour avoir écrit, non pour avoir agi.

Entre les deux hommes, entre l'évêque d'hier et l'évêque d'aujourd'hui, il y a le trait d'union du ridicule, la seule union qui ne fasse pas la force.

— « C'est un coup de pistolet », disait un laïque à un évêque au sujet du petit manifeste lancé par Mgr Gouthe-Soulard.

— « Non, répondit le prélat, c'est un coup de chapeau. »

Le mot est joli, mais il faut l'expliquer : Mgr Gouthe-Soulard, comme tout bon métropolitain, aspirait au chapeau cardinalice, ce feu rouge où les prélats de France viennent brûler les ailes de leurs chapeaux noirs.

Monseigneur avait compté sur l'aide du gouvernement pour grimper à la dernière marche de l'échelle ecclésiastique.

On n'avait pas oublié la fameuse harangue dont il accabla M. Carnot, lors d'un voyage à travers la Provence. En présentant le clergé, l'archevêque fit ce joyeux parallèle :

— « Après un voyage dans le Midi, Louis XIII parle en ces termes : « A Arles, dit-il, j'ai été reçu comme un gentilhomme ; à Marseille, comme un Roi ; à Aix, comme un Dieu. » Vous serez plus simple, mais non moins vrai en disant que nous vous avons reçu comme le *représentant de Dieu...* »

Monseigneur croyait alors à la présidence de droit divin. Ce discours n'était certes pas la préface de la lettre de 1891 ; mais il était le troisième acte d'une petite intrigue.

Le libéralisme avait assez bien réussi à Mgr Gouthe-Soulard.

Ce mouton de la plaine s'en était allé vers la République, comme s'en vont les moutons sur les pas d'autrui ; il avait passé presque toute sa vie à Lyon ; une longue vie grise comme les brouillards du Rhône. Ses opinions l'avaient poussé à la cure de Saint-Pierre, et de là l'avaient lancé sans station

BIBLIOTHÈQUE NATIONALE IMPRIMÉS

6

à l'archevêché provençal, par les soins de M. Goblet, son intime ami.

Bientôt commencèrent les désillusions. Le discours à M. Carnot fut stérile, quoique plat comme un champ et Mᵍʳ Gouthe-Soulard jura de se venger.

Cette lettre, qui a tapagé comme jamais lettre sortie d'une écritoire archiépiscopale n'avait tapagé, ne méritait pas les honneurs de l'audience. Elle aurait dû passer par les légères moqueries des gens de goût qui n'aiment pas le ton de mauvaise compagnie.

Autant on admire les évêques qui restent fidèles à leur passé, logiques à leur vie entière, autant on reste étonné devant un vieillard à la recherche de cette Suzanne qui est la popularité.

Qu'un évêque d'un autre régime ne devant rien aux hommes du jour, qu'un cardinal Desprez ou un Dreux-Brézé réponde d'une façon un peu sèche à une circulaire malveillante, personne ne s'en étonnera ; ils n'ont pas de dettes vis-à-vis d'un gouvernement qu'ils n'ont jamais flatté, et ils sauront garder le ton prélat qui n'est pas l'opposé du ton impertinent.

Mais qu'un pilier de ministère, arrivé aux honneurs à force de protestations républicaines, qu'un évêque, après s'être conduit dans les cortèges officiels comme le dernier des fonctionnaires, refuse d'être traité comme tel, c'est illogique. Et encore en France, où l'on pardonne tout à l'esprit, on aurait peut-être pardonné la lettre si elle avait été spirituelle ; malheureusement Mgr Gouthe-Soulard n'a pas de littérature ; il ignore l'épigramme, la divine épigramme, qui est le sel de la correspondance, même sous le scel épiscopal.

Sa colère alors fut celle d'un campagnard sans naïveté, sans style, non pas celle d'un lettré.

L'archevêque d'Aix a eu grand tort de quitter les eaux officielles : il n'avait aucun vice rédhibitoire aux yeux de la République ; il est né obscurement, petitement ; il n'est pas d'une piété très éclairée ; c'est un libéral en retard qui court d'un pas sénile vers les idées de 1848 et qui, ce faisant, croit marcher de l'avant.

Le physique laisse deviner le moral : les yeux petits et mornes, humides sans être brillants, sont enfoncés dans un crâne qui veut les écraser et fuir ensuite vers des cheveux absents.

Au milieu d'une figure large et plate, s'allonge et se répand un nez extraordinaire. La bouche veut être dédaigneuse ; elle est déplaisante avec des lèvres qui tombent et viennent finir dans des bajoues molles.

Les mains — glorifions-les — sont d'un républicain ; l'âme — flattons-la — est celle d'un préfet.

L'homme semble toujours prêt à s'incliner sous

le moindre vent officiel ; il avait été, jusqu'à son épître, le peuplier de l'épiscopat, bruissant et frissonnant dans l'air dés bureaux sans que le gouvernement s'en agitât.

On met volontiers le nom de Mgr Gouthe-Soulard à côté de celui du cardinal Lavigerie ; jamais deux hommes ne différèrent davantage.

Le primat d'Afrique avait cette grande tournure que doit avoir un cheval de sacre, même sous la République ; Mgr Gouthe-Soulard ferait à peine un poney ministériel.

La robe traînante et la ceinture un peu dénouée que portait l'archevêque d'Alger semblent un long costume de prince oriental. La robe retroussée de l'archevêque d'Aix prend des airs de redingote luthérienne.

Les déceptions du cardinal Lavigerie étaient enveloppées dans une réserve froide, dans une fuite digne vers les tentes du désert. Les déceptions de l'ancien curé lyonnais ont éclaté en une lettre tapageuse, qui a un grand défaut : si elle atteint la susceptibilité de celui qui l'a reçue, elle compromet la dignité de celui qui l'a écrite.

De dignité, il ne fut guère question dans toute cette affaire. Car le beau courage de Mgr Gouthe-Soulard tomba sur les bancs de la police correctionnelle comme un fruit trop mûr.

Un soir de bataille, au temps où les évêques se

battaient, l'évêque Fulbert fit asseoir à sa table tous ses clercs et, quand ils furent placés, il se mit au milieu, disant : « Ceci est, par Dieu, une belle tablée de héros. »

Si Mgr Gouthe-Soulard, installé, lors de ses malheurs, dans l'archevêché de Paris, présida le dîner du cardinal Richard ; si M. Boissard, avocat de province, et M. de Mun, cicerone de prélats, ont pris part à ce banquet, Mgr de Paris aura pu dire : « Voilà une belle tablée de peureux ».

Le procès de l'archevêque provençal a été un petit procès : le grand nom de prêtre et le beau mot de justice y ont également souffert. Mgr Gouthe-Soulard, en son modeste discours, a joué le rôle de ces enfants pris en faute qui hurlent : « Je ne l'ai pas fait exprès. » Écrire une lettre impertinente est, en France, le premier des droits. C'est un plaisir pour celui qui la commet et pour ceux qui la lisent, sauf pour le destinataire. Mais quand un évêque s'est moqué d'un ministre, cet évêque doit garder son rôle et ne pas venir jouer les Diafoirus fils devant les Diafoirus père.

Après la défense, où Mgr Gouthe-Soulard déclarait simplement être plein de respect pour M. Fallières, le procureur général aurait dû se lever pour dire : « En présence du repentir de l'inculpé, le gouvernement se désiste de sa plainte et renonce aux poursuites ».

6.

Le trait eût été joli, mais le joli n'est plus à la mode.

Ces querelles entre les gouvernants des États et des prélats sont aussi vieilles que l'institution des diocèses et de l'État.

Les différences sont pourtant sensibles; le Roi ordonnait, la République discute. Les évêques de la Monarchie gardaient leur dignité, même dans leurs fautes ; les évêques de la République l'oublient au coin de leurs lettres d'abord, à l'angle de leur défense plus tard.

Les archevêques de ce temps-ci portent leurs soutanes semées de boutons rouges comme un ciel violet de peintre impressionniste serait semé d'étoiles. Sous ce bel uniforme, seraient-ils restés les paysans à gros souliers qui mettaient dans leur langage les clous de leurs semelles? selon le mot de M. de Talleyrand, un évêque aussi, mais d'ancien régime, celui-là.

Voici un autre évêque dont la presse parisienne doit faire grand cas, Mgr de Digne a voulu aller à la Postérité sur le dos de cette puissante licorne. Pour enfourcher le monstre, il s'y est pris en homme d'expérience : sachant que la flatterie ne réussit pas toujours, en homme moderne et pressé, Mgr de Digne n'a pas séduit la presse ; il s'est jeté dessus et lui a donné la bastonnade. Un beau jour on le vit, dans sa *Semaine religieuse*, condamner, écraser, broyer quatre journaux et, faisant un concile à lui tout seul, jeter l'anathème sur ces feuilles et leurs lecteurs.

Les esprits gais pourraient remarquer que, pour combattre la Presse, le bouillant évêque de la montagne se sert de la Presse.

Ce prêtre compromet la cause qu'il veut servir par l'excès de son zèle et il se démène si fort qu'il ne laisse pas aux coups qu'il veut porter la décence épiscopale.

Eh bien ! avec les meilleures intentions du monde, Mgr de Digne, en anathématisant la Presse, a commis un abus de pouvoir, non pas un de ceux que le Conseil d'État blâme, mais un de ceux que Rome condamne.

Un évêque n'a pas le droit de frapper quatre journaux ni un seul, ni un seul article d'un seul. Ce privilège appartient à une congrégation, c'est-à-dire à un tribunal de cardinaux qui siège à Rome. Or, depuis le Concile de Trente, depuis sa fondation ; la Congrégation de l'*Index* n'a pas châtié nommément un seul journal quotidien. Rome a voulu que ces feuilles d'un jour ne fussent pas atteintes par l'éternité de ses condamnations. Antonelli, lui-même, le cardinal tout-puissant, n'a pas pu arracher à Pie IX une condamnation et, dans l'intimité seulement, il osa dire un soir :

— Je voudrais employer tous les journalistes

catholiques à dessécher les marais pontins.

Léon XIII, ce passionné de nouveautés, ce réformateur éteint sous la tiare, a été plus loin. Il a voulu se servir de la Presse. Trois fois il a transmis sa pensée par des journalistes, et par des journalistes qui n'appartenaient pas à la Presse catholique de profession.

Un vieux théologien, évêque aussi et académicien par surcroît, disait à ce sujet :

— Si l'on veut proscrire certains journaux, les premiers qu'il faudra frapper seront les purs catholiques. Ils s'occupent plus que les autres des choses d'Église ; or, dans tout journal, bon ou mauvais, on ne dit jamais rien qui vaille sur ces questions ; donc, les feuilles catholiques se tromperont plus souvent que les feuilles indifférentes ou sceptiques. Ce que les évêques, mes frères, ont de mieux à faire, c'est de laisser les journaux tranquilles. Mais ils ont peur, je crois, que les journaux ne leur rendent la pareille et ils aiment le bruit, les seigneurs, mes frères.

Ce raisonnement a le charme du subtil et du joli. L'évêque de Digne et ses pareils feront œuvre-pie en le méditant. Ils pourront aussi voir la *Tentation de saint Antoine*, par Callot. Ils y trouveront un diable qui applique l'extrémité d'un soufflet à la bouche d'un martyr très maigre. Il en résulte que le martyr engraisse. En voulant torturer la

Presse, les évêques risqueront d'arriver au même résultat que le diable de Callot. Ils feront du bien à leurs victimes et leur donneront des lecteurs.

Ce résultat affligerait un évêque honnête. Or, Mgr de Digne l'est jusqu'au bout de ses ongles noirs d'encre.

Ce vieillard, à la tête agitée, au nez de chien qui flaire le vent, n'est pas un esprit vulgaire. Il va devant lui, ventre et esprit à terre, sans regarder ni à droite ni à gauche. A Rome, on l'appellera imprudent. En France, on le traitera d'impudent. Peut-être ne faut-il pas trop le plaindre, il pourrait bien être, comme le craignait le prélat académicien, un de ces évêques qui, dans la vie, ont un grand souci : faire parler de soi.

VANITÉS ÉPISCOPALES ET CLÉRICALES

I

MONSEIGNEUR

Un général, duc et petit-fils de roi, avait une vive admiration pour une dame aux yeux doux, aux gestes gais.

La pauvrette avait vu le jour sur les marches non pas d'un trône, mais d'un escalier dont sa mère avait la surveillance.

Un beau soir, après de longs manèges préparatoires, le duc avait exprimé son amoureux enthousiasme par les premiers outrages.

— Quel nom oserai-je donner maintenant à Votre Altesse, interrogea la belle, encore rougissante et fatiguée ?

— Ne te gêne pas, mon enfant, répondit le grand

seigneur, qui, déjà, rajustait sa cravate ; appelle-
moi tout simplement *monseigneur*.

Les évêques de France demandent à leurs
ouailles ce que le général demandait à sa maîtresse. Ils veulent du monseigneur. Et pourtant,
ils ont une femme contre eux, et cette femme s'appelle la Loi. Elle dit très clairement que les
évêques doivent être appelés monsieur. Les articles organiques du Concordat, de ce Concordat
que l'Église et l'État soignent en le maudissant,
sont précis :

« Il sera libre aux archevêques ou évêques d'ajouter à leur nom le titre de citoyen ou de monsieur.
Toutes les autres qualifications sont interdites. »

Citoyen s'en est allé où vont les vieilles formules de révolution ! Le terme *monsieur* est revenu, lui, dans la correspondance officielle.

Le gouvernement républicain a voulu restaurer
solennellement l'article cité plus haut ; mais, dans
la conversation, les ministres et surtout les femmes
des ministres, donnent volontiers du monseigneur,
aux prélats dont l'ambition vient échouer, par hasard, sur les rouges fauteuils officiels.

L'histoire de ce mot *monseigneur* ferait un joli
chapitre dans l'histoire générale de la vanité française. Chez nous, le titre est comme le ruban, cette
délicieuse bride de soie, qui a la solidité de la corde
pour mener les bêtes rebelles.

Le titre de *monseigneur* n'est pas, comme on pourrait le croire, une vieillerie moyen âge, où le comique et le respectable s'unissent en un mariage compromettant pour le respect.

Ils ne portaient pas d'étiquette, ces hardis compagnons d'évêques, qui chevauchaient au temps de la chevalerie à la tête de leurs hommes d'armes ; on les appelait Pères et ils avaient une paternelle rudesse.

Ce titre fut inauguré pendant le xviie siècle, à une époque où il y avait déjà certains abbés de cour et de ville dont la science était légère et dont les vertus n'étaient pas lourdes. Au début du règne de Louis XIV, les évêques portaient encore le titre de *monsieur*, pour désigner l'évêque de Paris, on disait : Monsieur de Paris ; nom qui, depuis, a dégénéré. L'évêque de Beauvais, était évêque-comte de Beauvais, vidame de Gerberoy, et souvent un titre nobiliaire était rivé au siège épiscopal.

Le premier évêque qui imagina de se faire monseigneur fut M. de Valançay, archevêque de Reims, qui, à la première représentation de *Mirame*, chez le cardinal de Richelieu, se fit pompeusement appeler *monseigneur* de Reims.

Par compensation, il fut chargé, pendant la soirée, de distribuer des rafraîchissements et de servir aux dames « tout ce qu'il leur fallait ».

La fatuité de M. de Valençay trouva vite des imitateurs et le duc de Saint-Simon raconte, avec ce grand air d'ironie qu'il porte partout, la curieuse anecdote que voici :

Dans une assemblée du clergé, les évêques, pour tâcher de se faire dire et écrire Monseigneur, prirent délibération de se le dire et de se l'écrire réciproquement les uns les autres.

Ils ne réussirent à cela qu'avec le clergé et le séculier subalterne : tout le monde se moqua d'eux et riait de ce qu'ils s'étaient monseigneurisés.

La cour ratifia bientôt le titre nouveau. Seul, le roi se dispensa de cet arrêt du bon goût. Louis XIV et Louis XV ne dirent monseigneur à aucun prélat du royaume et la chapelle royale ne fut jamais d'aucun diocèse. Elle releva directement du Saint-Siège.

Pendant le xviiie siècle ils jouèrent du mot sonore, ces évêques qui souillèrent de leur indignité le pur et grand clergé de France ; leur punition fut d'être imités par les intendants et les traitants que leurs valets traitaient de monseigneurs.

Vint la Révolution qui supprima les titres, quand elle ne supprima pas les titrés. Le Concordat remit les choses d'Église en ordre par un compromis passable au demeurant :

> ... Encore qu'en quelques pages,
> Il méritât, au Louvre, d'être giflé des pages.

Peu d'évêques réclamèrent l'épithète de citoyen que la loi leur offrait, et Napoléon Ier commença à restituer aux premiers du clergé le *monseigneur* tant regretté.

En sa méprisante philosophie, l'empereur savait que les sociétés égalitaires haïssent l'égalité et meurent de ce qu'elles ont souhaité.

Le titre revint du fond des mœurs, de ces mœurs françaises qui se jouent des législations et des législateurs, quand législations et législateurs ne s'entendent pas avec elles.

Les évêques ne se contentèrent même pas du titre, ils reprirent le blason. Le recrutement du clergé se faisait dans les classes nouvelles. Aux grands seigneurs qui étaient Altesses de naissance et pour qui le *monseigneur* était une chute, succédèrent les gars du peuple, les parvenus de l'Église. Les fils d'honorables sabotiers s'adressèrent à des marchands de merlettes qui, en faisant les armes épiscopales, se moquèrent de leurs clients et entassèrent dans l'écu un foule de choses qui bondirent, étonnées de se trouver accouplées là.

Pourtant, dans cette restauration un peu comique du passé, qui sied à certains évêques comme un pourpoint à crevés irait à M. Ribot, il ne faut pas croire que les chefs de l'Église aient obéi au seul amour du hochet.

L'Église connaît les hommes, et les pasteurs

font peut-être preuve de sens pratique, en tenant
à leur titre, à une époque de démocratie maladive,
où les mœurs publiques marchent à l'envers des
prétentions.

Les chefs ont cherché le meilleur moyen, en ces
temps irrespectueux, de forcer le respect. Ils ont
pensé que pour se tirer d'affaire, eux et la religion
qu'ils représentent, il fallait sauver les titres et diminuer ainsi le sublime inconvénient d'être prêtre.

Si quelque archevêque incriminé arrivait à la
barre en froc de séminariste, en souliers à clous
et avec le bâton du pèlerin, les juges auraient peut-
être pour lui la justice qu'ils auraient pour un
prélat violet dont la poitrine serait battue par une
croix d'or, et la main chargée d'une lourde amé-
thyste. Mais la foule est une Chimène qui garde ses
yeux pour les Rodrigues dont les atours relèvent la
mine.

Nous en sommes venus à ce singulier spectacle
d'hommes qui ont la foi, les mœurs, la charité, et
qui relèvent les noms portés par les Dubois, les
Rohan, les Bernis, les noms dédaignés par les
Bossuet et les Fénelon. Pour leur titre, ces évêques feraient-ils ce que faisait le duc de La Vallière
pour sa maîtresse ? L'actrice jetant à terre le grand
cordon du Saint-Esprit, disait à son amant : « Age-
nouille-toi dessus, vieille ducaille ! »

Je connais des évêques qui, pour recevoir une

lettre officielle, portant la suscription de Mônseigneur, s'assiéraient sur leur mitre.

Ce devrait pourtant être une humiliation, non un honneur, pour les directeurs de diocèses, que de porter les harnais usés par ces inutiles prélats secondaires, les monsignori romains, gens méprisés de tout le Vatican, et traités de valets par un cardinal français.

Imaginez-vous un Primitif, un de ces prêtres que l'on n'appelait pas *Monsieur* et à qui les fidèles donnaient le beau nom de *Père*; imaginez-vous un tel homme entendant donner aux prélats de ce temps du Monseigneur ; figurez-vous l'étonnement de cet antique : vous aurez la juste mesure d'un ridicule qui fait rire les païens, mais qui attriste les enthousiastes de l'Église et de ses prêtres.

Les évêques qui préfèrent leur surnom de politesse à leur nom de droit, font penser à cet abbé Poule — fier coq — qui, à la fin du dix-huitième siècle, ne prêchait plus la foi de Jésus-Christ, mais la politesse, la bienveillance et le bon ton.

Le monopole de la vanité n'est d'ailleurs pas laissé aux évêques ; les simples abbés font à leurs chefs la plus déloyale concurrence.

Avez-vous vu dans le monde ces mères, dont la bouche — arc depuis longtemps sans flèches — tourne un éternel et suppliant sourire vers les jeunes hommes ?

Une fille, pâle et plate, posée sur une chaise comme une marchandise à l'étalage, regarde elle aussi venir le mari rêvé. Mais son corps est immobile ; mais son œil a la tristesse des yeux fatigués par une vaine attente.

De temps à autre, la jeune personne s'affaisse sur elle-même et fait plier le corset de fer. Alors la mère, d'une voix, qui pour être basse n'est pas douce, gronde :

— « Tenez-vous mieux que cela ! »

Et la mondaine victime roidit son torse maigre.

Or, on vit un jour, en 1891, M. Constans et le cardinal Richard jouer successivement et sans concert, le rôle de ces mères.

Le Ministre de l'Intérieur, sur un ton gai, qui voulait paraître léger et qui est méridional, suppliait ses amis de devenir des gens très bien.

L'archevêque, d'une voix triste qui voulait être solennelle, ordonnait à son clergé de rester «comme il faut ».

Les prêtres de Paris, par ordre de Son Éminence, étaient priés de ne pas déroger. Il leur était interdit de risquer leurs soutanes bien brossées dans les ruelles étroites.

Goujats, ceux qui, montant les hauteurs de Belleville ou de Ménilmontant, auraient voulu, fils du peuple, parler à des fils du peuple !

Manants, ceux qui s'en iraient promener leur

petit manteau à collet de carton moiré dans les ateliers !

Les oreilles chastes de ces hommes élevés, pour la plupart, dans la vertu des arrière-boutiques, ou grandis sur les « carrés » des étages d'une maison ouvrière, ces oreilles perdraient les âmes auxquelles elles sont rivées en écoutant les chansons joyeuses des apprentis gamins.

Indignes, les prêtres qui mettraient leur main dans la main sale de l'ouvrier. Les doigts qui touchent le Christ, chaque jour, ne doivent serrer que les doigts bien gantés des douairières pieuses !

Quant au prêtre qui oserait aller dans les assemblées populaires au milieu des foules hurlantes, parmi les apôtres du positivisme et de l'anarchie, celui-là mérite l'anathème et l'interdiction.

Telle fut la décision de l'archevêque de Paris : ses prêtres prendront seulement la parole dans les églises, au milieu des vapeurs de l'encens, leur figure bien rasée sortira triomphante et rose du nuage parfumé. Ils diront des choses banales et douces à des auditeurs banals et doux ; ils convertiront des gens tout convertis, et, avant de gagner le ciel, récompense de leurs fatigues, ils gagneront la table copieusement servie des fidèles dont ils essuieront les nappes. Par contre, il leur sera permis de transformer leur appartement modeste, mais confortable, en agence matrimoniale.

L'archevêque heureux triomphera, entouré d'un troupeau d'abbés, marchands de sourires, qui regarderont leurs ouailles comme une clientèle et mesureront la vertu à la générosité de l'offrande.

Des prêtres à l'âme très laïque, réglementeront le premier diocèse de France et l'administreront. Ces administrateurs rétribués de bonnes œuvres à commissions, entreront dans l'Église comme dans leur moulin et se confondront avec le vrai clergé pour le corrompre et le trahir.

Car, grâce à Dieu, il y a dans Paris d'autres prêtres que ces gens formés à l'école de l'archevêché. Ils n'ont pas les honneurs, ils ne les cherchent pas, mais la Foi fait immensément pour eux parce qu'ils sont allés à elle et qu'ils l'ont choisie. Elle leur donne la force qui les élève et la charité qui les fait prier pour leurs adversaires. Elle ajoute son Être à leur Être, elle crée leur talent et parfois leur génie.

Pour ces prêtres-là, il y a quelqu'un au-dessus de l'archevêque de Paris, leur maître temporel ; il y a Jésus-Christ, leur maître et leur modèle éternel. Ils sont désarmés de leur influence, mais ils ne sont pas découronnés de leur auréole. Ils ne sont pas bons pour les partis qui ramassent tout pour s'en faire des armes ; ils sont bons pour les pauvres qui les aiment et qui les appellent.

Les uns, modestes et timides, restent muets et

impuissants ; ils font le bien comme d'autres font
le mal : clandestinement. Ils s'en vont, le soir,
dans les lieux où l'on travaille ; ils y parlent de
paix et de sacrifice ; ils sont écoutés par ceux qui
ne sont pas chrétiens, car leur pauvreté dit leur
vertu. Cette charité secrète, ce zèle qui doit rester
voilé, ne convient pas à tous les esprits. De loin en
loin il se trouve des hommes entiers et personnels,
qui veulent accomplir au grand jour leur devoir
d'apôtres, qui veulent faire tête de colonne contre
l'erreur et trouée contre le mensonge.

Je connais un prêtre qui avait reçu le grand don,
le ton suprême de l'orateur, cette originalité, *laba-
rum* qui porte dans ses plis *hoc signo vinces.*

Il parla dans Paris, non pas du haut de la chaire,
non pas entre les lampes et le verre d'eau sucrée
des réunions académiques. Il parla aux foules et
sut être entendu ; il fit comprendre aux hommes
penchés sur le travail du jour qu'il y a un repos
du lendemain et sa parole fit courir un long
frisson dans le peuple de Paris.

Les assemblées le portèrent en triomphe ; au sortir
d'une réunion contradictoire, les journaux cou-
reurs d'actualité saisirent cette proie au passage,
et il subit avantageusement le ballottage de l'opinion.

Le petit abbé bien peigné qui régnait alors sous
le nom de secrétaire à l'archevêché coupa les

articles de journaux, souligna quelques éloges maladroits, et mit le tout sous les yeux de l'archevêque.

Le prélat prenait son maigre repas au milieu de ses vicaires généraux. Il lut et relut les extraits qui lui étaient soumis ; le chœur s'indigna:

— « Comment ? Il y avait dans Paris un prêtre qui se permettait d'avoir du zèle et peut-être du génie sans le visa de l'archevêché ».

M. le grand-vicaire en pâlit ! M. le trésorier en rougit !

Le coupable, c'est-à-dire, l'orateur fut cité à comparoir; il accourut, le naïf, croyant recevoir un éloge, un paternel encouragement.

La bouche tordue de M⁣ᵍʳ Richard avait le sourire des mauvais jours et ses yeux mi-clos se voilaient de haine. Il regarda l'abbé, fit passer sa bague violette de la main droite à la main gauche, puis de la main gauche à la main droite. Trois fois il arpenta le salon de long en large, puis, tout essoufflé, s'écroula sur un canapé, appuya son dos voûté contre un petit coussin armorié par de pieuses mains, et d'une voix qui grinçait :

— « Vous avez fait, il y a trois ans, dit-il à l'abbé stupéfait, une citation de saint Thomas fort inexacte. Il est temps que vous ne parliez plus; vous allez vous retirer à Rome dans un couvent pour y étudier la théologie. »

7.

Le prêtre ne sut rien répondre, mais il sut se soumettre et son exil nous vaudra peut-être bien tôt un livre qui sera un chef-d'œuvre.

L'archevêque, lui, se dédommagea d'avoir fermé une bouche éloquente en ouvrant trois bouches ignorantes. Il institua trois missionnaires diocésains qui furent chargés de porter la parole au nom du clergé de Paris. Parmi ces trois abbés fut placé M. Martin de Gibergue, ce qui aurait dû au moins débarrasser l'archevêché de sa funeste influence. Ce sont ces trois abbés qui ont fait la résurrection un peu enfantine de l'avocat du diable dans les sermons de carême.

Le cardinal Richard, parfaitement heureux au milieu d'un entourage parfaitement nul, prêtre isolé, momie sans arome et sans bandelettes, d'un catholicisme de parade, le cardinal serait parfaitement heureux si un prêtre étrange n'avait imaginé de prendre la parole dans les réunions publiques.

M. l'abbé Garnier, dont il a été déjà beaucoup question, dont il sera peut-être davantage question plus tard, appartient au diocèse de Caen.

Celui-là est un fort et un habile.

Il a su porter de fortes aumônes à l'archevêché et il est resté platoniquement prêtre d'un diocèse de province.

Grand, gros et fort, haut en couleur et en paroles, il a, au physique, l'aspect d'un garçon boucher déguisé. Son cou de taureau dit la colère et la violence ; mais son cou ment : ce fort est un doux et un habile. Il est difficile de lui couper le chemin parce qu'il sait s'arrêter et attendre.

On lui a donné la permission de parler, parce qu'il aurait parlé si on la lui avait refusée.

On lui accorde des bénédictions et des encouragements, parce qu'il serait capable de se donner à lui-même des bénédictions et des indults.

L'archevêque le bénit et l'approuve en public pour le maudire et le détester en petit comité.

Mais il reste aujourd'hui dans Paris, seul, pour s'adresser à des milliers d'auditeurs, et quand un prêtre courageux vient demander à l'imiter, le cardinal répond :

— « Monsieur l'abbé, tenez-vous mieux. »

Si l'abbé est un peu opportuniste il s'en va dîner en ville et devient dignitaire.

II

LA CHAIRE CATHOLIQUE

La chaire est un fief qui appartient en France à deux Ordres, éternels rivaux, éternels Vadius et Trissotins de cette Célimène qui est la popularité : les Jésuites et les Dominicains.

Jusqu'ici les procédés oratoires avaient différé. Les sermons dominicains commençaient comme les drames d'Alexandre Dumas et faisaient s'agiter sur leur base desséchée, les vieilles demoiselles romanesques raidies sur leurs chaises.

Les Jésuites avaient une éloquence plus austère : la parole de leurs orateurs avait gardé jusqu'ici cette modération de forme, cette élégance concise, ce charme séducteur, qui pénétrait les âmes sans agiter les corps. L'Ordre n'avait pas, comme celui des Dominicains, deux ou trois brillants ténors dont la voix éclatait à travers le monde. Les Jésuites séduisaient et charmaient, par une doctrine forte, les auditeurs très attentifs.

Paris était peut-être aux Dominicains; la province était sûrement aux Jésuites.

Ces derniers avaient jusqu'à ces temps derniers la puissance de la richesse, la force que donne la pièce de cinq francs, hostie d'argent qui contient un Dieu vivant.

Les expulsions changèrent tout cela : les collèges désorganisés cessèrent de former l'élite de l'armée; le malheureux essai de Cantorbéry se termina par une liquidation qui fut presque une faillite; les Jésuites perdirent le sceptre de l'éducation et du même coup la royauté de la chaire.

Les collèges de Moulins, du Mans, de Vannes, de Montgrès, de Bordeaux et de Sainte-Marie à Toulouse, devinrent de simples pépinières moitié laïques, moitié religieuses et ne fournirent plus que des arbustes chétifs à la grande forêt de la rue des Postes.

Pendant ce temps, les Dominicains, entreprenants, libéraux, ardents, réorganisèrent des collèges où de beaux parcs séduisirent les parents, où une discipline très douce retint les élèves. Les conférenciers célèbres devinrent les maîtres de la jeunesse, et c'est avec orgueil que les élèves d'Arcueil, appelèrent un beau jour le Père Didon leur prieur.

Le collège d'Arcachon, au milieu des sapins, en face de la mer, est le nid moelleux ou les petits Parisiens souffreteux trouvent une éducation conforme à leur faiblesse de tempérament.

Les fils des fonctionnaires, que dis-je, des dignitaires républicains furent accueillis chez les Dominicains et de triomphe en triomphe l'Ordre put fonder, rue Saint-Jacques, à côté de la célèbre rue des Postes, une maison insolente où l'on prépare avec succès aux écoles du Gouvernement.

La Société de Jésus affolée, presque ruinée, ayant fait de vains appels aux riches frères d'Amérique, sentit le besoin de lutter par le cabotinage contre la mode. L'éloquence libérale des Dominicains avait peuplé leurs collèges : Pourquoi l'éloquence réactionnaire des Jésuites ne repeuplerait-elle pas les Caousou, les Vaugirard désertés ? Il fallait sans plus, sans moins, retourner l'éloquence de la chaire comme un vieux gant ; il s'agissait pour la Société de Jésus, caméléon historique, de changer encore une fois de couleur, ou plutôt de recolorer le blason de l'Ordre, un peu pâli par les pluies révolutionnaires.

Le P. Didon, le P. Ollivier avaient bruyamment adhéré à la République ; le P. Lemoigne et le P. Forbes furent chargés, à l'avant-dernier carême, de défendre avec éclat la Monarchie.

On se souvient encore du scandale qui éclata à

Saint-Merry et à Sainte-Clotilde : comment le P. Lemoigne frappa d'une main trop provinciale sur le clavier parisien, et comment le P. Forbes oublia sa qualité d'étranger pour faire concurrence à M. Descaves dans l'art de malmener l'armée.

Nous sommes aujourd'hui loin du temps où, Magdeleine mâle, le P. Didon s'en allait demander pardon à Rome pour avoir trop parlé. Les idées dont il était le précurseur persécuté ont triomphé et il est allé de nouveau aux pieds du Pape, mais cette fois pour recevoir secrètement une bénédiction nécessaire à sa mission secrète.

Le prédicateur politique va [succéder au prédicateur pour femmes, que fut jusqu'ici le dominicain aux yeux de flammes. Les ailes que les pieuses affolées voyaient à ses larges épaules sont tombées ; le drapeau tricolore cachera de ses plis furieux la calme draperie du vêtement dominicain.

Jusqu'ici, le P. Didon avait appartenu — échantillon rare et précieux — à la race des prédicateurs héroïques, qui jouèrent le rôle de chevaliers pour les vieilles dames revenues de Cythère, et pour les filles dont la barque avait chaviré en route, sans jamais aborder.

Vers 1830, le prédicateur pour femmes était maigre, anémique, poitrinaire ; il ressemblait aux saints peints par Hary Scheffer, le beau-père de Renan. On ne souffrait dans la chaire que des clairs de lune, s'effaçant de plus en plus sur le fond noir du vieux chêne. La robe de Lacordaire eut des drapées célèbres, la voix de Lamennais des éclats d'enfer.

Les femmes aimaient à trouver, dans la physionomie physique de leur prédicateur, l'air sinistre du moine allant au ciel par le chemin du Dante.

Aujourd'hui, ces vignettes idolâtres, ces romanesques culs-de-lampe, qui faisaient rêver les cœurs candides, n'existent pas. Le prédicateur à la mode doit n'être plus jeune, avoir un profil grossier, des tempes puissantes, largement découpées dans le marbre dur d'une tête carrée. Les clientes du sermon, qui ne sont pas les femmes pieuses, aiment les déclamateurs, les poseurs de colère et de mépris, ceux qui, sous prétexte de les mettre à genoux, les roulent dans leur vieille fange.

Peut-être que le P. Didon fait-il bien de quitter le genre auquel il dut ses premiers succès. Il avait inauguré le verre d'eau sucrée qu'il avalait sous les yeux de ses admiratrices, avec l'impassibilité d'un vieux Turc sourd et aveugle. Enfin il avait inventé les silences pleins de choses, les silences qui permettent aux auditrices haletantes de mettre un peu de poudre et d'arranger les plis de leurs robes.

Mais il y a en lui un acteur taillé pour un rôle

plus beau. Sa robe de neige cache une âme de feu, et ce moderne apparaît comme le fils spirituel des grands Dominicains que l'Histoire a calomniés sous le nom d'Inquisiteurs, et qui furent des Justiciers.

Lui aussi est un justicier lorsque, du haut de sa chaire, il jette sur les auditeurs son regard noir, au fond duquel semblent passer les images des femmes attendries et frémissantes, qui vibrent sous sa voix. Sa parole a la majesté des grandes vues et des grandes idées. Sa voix de prêtre plane et retentit sur les hauteurs des événements; avec lui, on perd la respiration de l'esprit, le regard de la raison et l'on monte toujours.

Pourtant, ses ennemis traitent d'orgueil son calme souverain, comme si, orgueilleux, il n'aurait pas déjà enveloppé sa rébellion dans un lambeau du froc de Calvin.

Lamennais disait un soir à La Chesnaie :

— « Messieurs, voyez cette pendule. Vous lui diriez on te brisera si tu sonnes dans dix minutes, qu'elle n'en sonnerait pas moins dans dix minutes. Faites comme elle; quoi qu'il puisse arriver, sonnez toujours votre heure. »

Eh bien ! l'heure du P. Didon a sonné sur un timbre d'or. Qu'il le veuille ou non, il est désormais arraché à son public de dames et il ne leur reste plus, à ces pauvres dames vieillies et tristes, que la caricature qui est le P. Ollivier.

Bronze mal venu, tordu à faux, et qui grimace une énergie convulsive, ce prêcheur rappelle les plus folles fantaisies des Callot japonais qui font grimacer leurs dieux. Il s'est bâti un palais de publicité avec le renom de son obscénité pieuse. Assis dans la chaire, il n'enseigne pas comme un prêtre, il parle comme un professeur de la Faculté de médecine. Il analyse les horreurs inconnues avec le bonheur qu'a un barnum de musée anatomique en montrant ses pièces les plus honteuses.

Peut-être Lacordaire éprouvait-il une joie secrète à voir frémir et monter avec lui les petites âmes ailées de ses auditrices. Le P. Ollivier, lui, est heureux quand il voit rougir les plus pâles figures de son auditoire; il se repose d'aise, triomphant comme un gladiateur antique, quand il aperçoit dans la nef une mère de famille, indignée, se levant et sortant avec sa fille.

A cette éloquence nouvelle, il a fallu des admiratrices nouvelles. Autrefois, l'auditrice hasardait une lettre de passion mystique, avec l'espérance secrète de ces Italiennes qui mettent sous la porte des Jésuites, à Rome, les billets qu'elles adressent au Bon Dieu.

Aujourd'hui, celles qui écrivent au P. Ollivier, femmes jaunes et maigres, épouses incomprises de maris couperosés par l'alcool, posent des questions à faire rougir un cent-garde.

Elle sortait de l'école Ollivier, cette malheureuse Mme de V..., qu'on a dû enfermer dans une maison de fous, parce qu'un jour, en pleine église, elle avait, tous voiles relevés, épousé, matériellement épousé, l'hostie que le prêtre lui avait donné à avaler.

Nous sommes loin des temps mystiques où une vieille demoiselle fit, un soir, appeler l'abbé Dupanloup à son lit de mort. Elle avait été dévorée d'amour par tous les prédicateurs qui avaient traversé sa paroisse. Elle avait, d'ailleurs, offert un fier morceau de résistance à ces vautours successifs, car elle avait quatre-vingts ans ; mais elle voulait, avant de mourir, se confesser d'avoir coupé au passage soixante morceaux de soutane à soixante prêtres, dont la parole l'avait séduite.

Rien n'était plus pur et plus lointain que ces amours de femmes dévotes pour leurs orateurs. Vu du haut de la chaire, le prêtre ne peut pas être une malingre chose humaine, et si, de temps en temps un moine disparaît, ce n'est pas au pied de sa tribune qu'il oublie sa soutane.

Il n'était pas orateur, ce pauvre abbé d'Armalhac, enlevé aux autels par la comtesse K... ; et promené, pendant dix ans, à travers les steppes de la Russie. Aussi, la simplicité de son esprit l'a-t-elle fait pardonner et l'a-t-elle fait porter récemment aux honneurs de Saint-Louis des Français.

Quand le prêcheur pour dames tombe, c'est par orgueil; ce n'est pas une femme qui l'attire en son piège, ce sont toutes les femmes qui le grisent de leur griserie et lui font perdre le sentiment du bonheur silencieux et monacal dans la claire et tranquille cellule.

Parfois, d'austères amitiés suivent dans sa chute le bonheur tombé ! Le Père Hyacinthe, cette gloire qui s'était allumée un instant comme un phare sur le clocher de l'Église, n'a-t-il pas conservé, dans son apostasie, l'admiration de Julie Bonaparte, cette sœur du cardinal qui, aussi pieuse que son frère, garde sur sa cheminée la photographie de l'enfant du Père Hyacinthe à côté de la photographie du moine.

A côté des prédicateurs en robe s'agitent de la voix et du geste les prédicateurs en redingote.

M. Chesnelong est le type du prédicateur laïque.

Chose singulière et dont on se douterait difficilement, le royaliste ardent frappé par Léon XIII d'un coup de dépêche qui valait un coup de foudre, au milieu d'une assemblée catholique, est le même homme qui écrivit cette phrase :

— « La forme républicaine du gouvernement doit être considérée comme la seule possible dans le présent et dans l'avenir par tous les hommes qui se rendent compte de la marche providentielle des faits. »

Cette phrase politique fut la première que lança au public, le 7 avril 1848, M. Chesnelong, alors maire d'Orthez, dans les Basses-Pyrénées, et marchand de draps dans la même ville comme l'était le père de M. Jourdain dans la ville de Paris. Par surcroît M. Chesnelong était saleur de jambons.

Jeu singulier de l'Église immuable : lorsque M. Chesnelong était républicain, la Papauté était royaliste. Lorsque, après des étapes successives, M. Chesnelong fut devenu l'ange de la fusion et l'archange de l'orléanisme, la Papauté se trouva républicaine.

Ceci prouve que l'Église et M. Chesnelong ont également marché, mais en sens inverse.

Il est peu probable que le vieux sénateur français, refasse, à soixante-treize ans, le chemin qu'il a mis quarante-quatre ans à parcourir. Il faut donc nouer un crêpe autour de son buste : M. Chesnelong est mort — mort à la politique; et il a été exécuté par l'homme qu'il avait le plus admiré, par Léon XIII.

L'Église garde pour les fidèles vieillis à son service les cruautés que les maîtres méchants savent réserver aux domestiques dont une longue patience a diminué les forces, mais grandi le dévouement.

Aucun des exagérateurs patentés qui sont à la dévotion du Vatican n'a empilé, pour la gloire du

Pontife autant de mots que M. Chesnelong. La récompense est venue un beau soir du mois de mai de l'an dernier : le vieillard de Rome a frappé le vieillard de Paris d'un superbe coup droit qui tuait l'*Union chrétienne* et blessait son président.

Déporté au Sénat, classé, étiqueté comme les autres momies, M. Chesnelong vivra là de sa gloire passée, dans ce coin où les hommes ont les airs et les formes de pièces archéologiques.

Il y a quelque intérêt à fixer la figure de cet orateur qui fut le héros d'une époque sans héros ; de cet honnête bourgeois qui prit, pendant quarante ans, la succession de Montalembert — sans grand air de noblesse ni manteau de pairie.

M. Chesnelong a été l'homme des circonstances ; il n'a jamais eu cette originalité puissante qui commande aux événements, ce coup d'œil d'aigle qui prévoit les faits. Il a suivi les partis politiques, créé, non pas pour commander comme un chef, mais pour battre le rappel comme un tambour.

Sa vie a manqué d'unité politique, précisément parce qu'il a voulu ne pas manquer d'unité religieuse. L'Empire, tant que ce gouvernement triompha, suffit à ses besoins de légitimité ; l'année même où il recevait de Napoléon III la rosette de la Légion d'honneur, le républicain de 48 écrivait : « Je ne séparerai jamais dans mon dévouement la cause de l'Empereur de la cause de la France. »

Sept ans après, le même homme, chevalier de la fusion, s'en allait à Salzbourg négocier avec le comte de Chambord, en compagnie de M. Lucien Brun et de M. Cazenove de Pradines.

L'indigène d'Orthez fut si étonné de trouver un Roi là où il croyait rencontrer un candidat, qu'il ne comprit absolument rien aux paroles d'Henri V, et que, quinze jours après l'entrevue, le malheureux plénipotentiaire reçut à la figure le royal démenti de la superbe lettre sur le drapeau.

Plus tard, par sentiment de légitimité, M. Chesnelong renversa M. Thiers. Il prononça un discours qui ne le classa pas dans la famille des grands orateurs mais son talent ressembla, pour une fois, à cette mâchoire d'âne avec laquelle Samson abattait les Philistins.

Puis l'amour de la légitimité disparut devant une passion pour le ministère de Broglie jusqu'à ce que M. Chesnelong se mit à chauffer ouvertement au profit de l'orléanisme et, imprudent, fit sauter la chaudière.

Tel fut l'homme politique : il ne jette pas de rayons et il serait difficile d'attacher un nimbe autour de ce front; heureusement, à côté du politicien variable, se dresse le marguillier, c'est-à-dire le catholique aux vues fermes dans leur horizon étroit.

Marguillier! c'est l'insulte que ses adversaires ont souvent jeté à la tête de M. Chesnelong, et cette insulte, il la faut ramasser comme un titre de gloire, comme un parchemin précieux.

Théologien, M. Chesnelong a été enfanté à la science divine dans une sacristie.

Orateur, il s'est formé à l'éloquence dans les réunions d'un conseil de fabrique où il prit cette faculté de parler qui était devenue chez lui une mécanique à vapeur dont l'Empire même n'avait pu casser le grand ressort.

Les profanes, ceux qui ignorent les choses de l'Église, pourront prendre M. Chesnelong pour le Fâcheux de l'admiration : s'il se tenait à la porte des encycliques et des simples mandements, avec de grands saluts à la mode antique et de grands discours, il savait bien ce qu'il faisait.

Né sur le théâtre catholique, ayant l'habitude de son parterre spécial, il produisait sur le public une impression profonde parce que son talent, ridicule parfois, était à la portée des auditeurs.

Prédicateur séculier, il parlait à des prêtres le langage des prêtres. L'apostrophe théâtrale, les tremblements de voix, les phrases en coups de tonnerre, sans l'éclair de l'esprit, tout cela faisait supporter les *distinguo* subtils, que M. d'Hulst,

héritier présomptif de la couronne tombée, a le
tort d'offrir tout secs.

Quand l'auditeur s'était nettoyé, lavé et essuyé
de l'emphase oratoire où l'avait embourbé M. Chesnelong, il s'apercevait qu'un théologien déguisé
venait de parler et des lambeaux de vérité restaient
collés à l'oreille de l'auditeur.

Dans un temps où l'on hait l'élégance, et où
M. de Mun échoue parce qu'il reste de bon ton,
M. Chesnelong dut plaire beaucoup, car ce qui
manqua surtout à son éloquence, ce fut la grâce.
On voyait qu'il n'avait point été formé dans le
commerce des femmes et qu'il n'avait point reçu
au berceau ce qu'on appelait autrefois le don français, le don du charme.

Ce n'était qu'un homme de parti, mais il parlait
le langage de son parti dans toute sa subtilité, et
il inspirait aux catholiques un sentiment de
respect fait de peur, le seul qui assure le succès.

Pendant longtemps, M. Chesnelong excella à
sauter sur le dos des circonstances et à galoper
avec elles. Depuis deux ou trois ans, il retarde,
l'âge a alourdi ses pas. Autrefois il était plus
souple. Un exemple suffira à peindre son opportu-
nisme catholique. Plaidant, sous l'Empire, pour le
maintien du chapitre de Saint-Denis, il appelait les
chanoines « gardiens des tombeaux de nos Empereurs. » A l'époque du Seize-Mai, il prit la parole

dans la même cause et, cette fois, les chanoines devinrent dans sa bouche « les gardiens des tombeaux de nos Rois. »

Cette façon de tout sacrifier à l'Église peut sembler un peu étroite et aurait été indigne du génie d'un de Maistre ou d'un Bonald. On se dévoue comme l'on peut. L'important est de se dévouer et l'on ne peut demander à un drapier de jeter dans son dévouement ce piment rare qui est le génie.

Léon XIII, nouvel ange de l'Église, a desséché le nerf de la cuisse du Jacob qui n'était plus jeune, mais qui voulait lutter encore. Ce n'est pas un encouragement pour les athlètes de demain.

Après avoir parlé des cabotins de la chaire et de l'estrade, il est juste de peindre celui qui — le dernier peut-être — est monté en chrétien dans la chaire chrétienne : le Père Monsabré.

Il vit dans une retraite que rien ne trouble, pas même le regret de ne pas avoir reçu la récompense due, la pourpre promise.

La victime du Panthéon, lors du pèlerinage ouvrier, ne fut pas Victor-Emmanuel, qui continue à dormir son sommeil d'excommunié dans son mausolée béni.

Ce ne fut pas non plus le séminariste douteux qui trouva dans sa manifestation une demi-livre de la toison d'or mauvais teint, appelée célébrité d'un jour.

Ce ne fut pas enfin le M. Harmel qui, en vingt colonnes de journal, se chargea de dresser l'exacte comptabilité des coups de sifflets, dont nos compatriotes et lui furent salués au retour.

Non ; la seule victime du Panthéon a été le R. P. Monsabré, qui ne suivait pas le pèlerinage, qui n'avait jamais dû le suivre, et qui se remettait au Havre d'une attaque de zona, pendant que les Italiens souffraient d'une attaque de gallophobie...

Ceci demande une explication : l'orateur qui a rempli pendant des années le vaisseau de Notre-Dame d'une théologie transparente comme l'air, solide et pure comme le diamant, cet orateur allait bientôt recevoir sur sa tête géniale le chapeau cardinalice.

La nouvelle avait déjà été plusieurs fois donnée, et elle n'avait été démentie que par ces prélats inférieurs, officiers de paix du Vatican, qui boivent l'eau du Rhin sans la filtrer et s'étranglent avec tout ce qui ne vient pas d'Allemagne.

Le Père Monsabré allait donc devenir un anneau ajouté à la chaîne d'or des cardinaux-moines français. Il allait occuper à Rome la place laissée vide par Son Éminence Pitra, malgré les cris étonnés de ceux qui croient jouer près du trône de Saint Pierre le rôle joué jadis au Capitole par des sauveurs qui n'étaient pas des aigles.

Mais voilà que pour ménager les Italiens — toujours la *combinazione*, — le Pape priva de la pourpre le Père Monsabré. Le Pontife eut peur d'exciter les haines de ses compatriotes, et il immola sur l'autel de Victor-Emmanuel un Dominicain français, le réservant pour un consistoire qui se tiendrait vers les calendes grecques.

Le plus curieux de l'affaire est que le conducteur de toute cette intrigue était un autre dominicain, un autre Français, déjà cardinal.

S. E. Zigliara s'est employée de tout son zèle pervers à empêcher la promotion de son confrère en religion. Le fait paraîtra moins étonnant si l'on se rappelle que le cardinal Zigliara est ce Corse qui, invité un jour à Rome à un banquet de prêtres français, répondit au vénérable cardinal Desprez : « J'ai l'honneur de ne pas être des vôtres, m'étant fait naturaliser Italien. »

A quelqu'un qui se scandalisait de cette réponse, un prélat répliqua :

— Que voulez-vous ? Quand on ne peut pas tirer des coups de canon, on tire des coups de fusil.

C'est un nouveau coup de fusil qu'a tiré le cardinal Zigliara. Celui-là n'a tué personne et n'a pas même blessé le Père Monsabré. L'illustre orateur ne tient guère à la pourpre et il répondit à un ami qui lui parlait de cet honneur prochain :

— Si ce que vous dites arrivait, je ne m'évanouirais pas, comme font les Italiens, mais je serais

fort ennuyé de me trouver dans les honneurs.
Quand on a été blanc toute sa vie, on a de la peine
à devenir rouge.

Telle est la joyeuse bonhomie avec laquelle le
moine du Havre prend les incidents que d'autres
appellent des événements.

Certes, dans un temps de curiosité littéraire où
l'on veut savoir comment tout homme qui a pour
deux sous de célébrité, met son bonnet et chausse
ses sandales, dans un tel temps le Père Monsabré
a été peint et repeint.

Tous les photographes de la plume, tous les
sculpteurs de la phrase l'ont représenté; mais
aucun n'a fait le portrait en pied et en pleine
lumière. C'est que les grands esprits comme les
grands palais ont toujours quelque recoin curieux
et unique, dont on oublie la visite.

Le recoin du Père Monsabré, c'est la simplicité,
la superbe et sainte simplicité dans la force, dans
la science et dans la vie.

L'homme n'a ni la flamme du regard, ni la pâleur
acétique du visage, ni la tête pensive, ni aucun
autre de ces riens que les catholiques aiment à
retrouver dans leurs orateurs préférés. Quand il
gravit les marches de la chaire, il apparaît comme
un ouvrier qui monte à son travail, non comme un
inspiré qui va prophétiser sur la montagne. Il
ignore les repos calculés et savants; il méprise

presque le geste; car si son bras s'agite parfois,
c'est pour marteler le bord de la chaire comme s'il
voulait enfoncer la vérité dans le crâne des auditeurs.

Le langage est d'une royale élégance, mais d'une
militaire simplicité. Dans ses conférences à Notre-
Dame il évita toujours les faciles succès d'actualité;
il ne sema pas son vaste champ théologique des
petites fleurs de l'allusion, mais d'une main ferme
il dressa contre la philosophie un traité de dogme
qui est un monument. Aujourd'hui, le prédicateur
est enfoncé dans l'ombre de l'Église, dans la solitude
du cloître, dans la vie de province, dans la tombe
du couvent. Il n'est plus éclairé par cette lumière
étrange, venant de partout, d'en haut et d'en bas,
qui enveloppe les orateurs de la chaire. La parole
a perdu la vie en devenant le livre, et le monument ne paraît ni moins haut ni plus froid.

On ignore la moisson d'âmes que le Père Monsabré a faite; le confessionnal seul le sait et ce
tombeau des fautes garde bien son secret; mais
l'on peut affirmer que l'œuvre lue fera le même
bien que l'œuvre entendue.

Il ne faut pas oublier que le dernier orateur de
Notre-Dame a été plus un théologien qu'un mora-
liste. Son âme, pure et simple, son cœur de prêtre,
né prêtre, a toujours ignoré les orages. Il ne pouvait pas comme Lacordaire, en mettant ses mains

sur sa poitrine, sentir des tremblements anciens, parce que jamais il n'avait tremblé. Mais en matière de doctrine il reste un maître sûr, un guide expert : on ne saurait nier la carrure de cette tête parce qu'elle s'est montrée nue. La force doctorale de cet esprit n'est pas moins grande parce qu'elle n'est pas enveloppée dans une feuille de rhétorique.

D'ailleurs la vie ne manquait pas à la parole du Père Monsabré.

Il ne faudrait pas le confondre avec le bâtard de séminaire et d'université qui l'a remplacé. L'un est froid dans la chaire et reste froid dans le livre ; l'autre est chaud dans le verbe et reste chaud dans l'écrit ; mais cette chaleur n'a rien de factice. Elle est naturelle, parce qu'elle vient d'un superbe soleil, au lieu d'avoir été produite par un petit poète.

La théologie du Père Monsabré marche appuyée sur l'Histoire, et nul mieux que lui ne sait à propos invoquer les grands témoins du Passé. Et pourtant un jour, un seul jour, il hésita devant un fossé historique. Il faut dire que ce fossé est un gouffre superbe. Toujours est-il que le dominicain tourna et prit par le plus long au lieu de sauter à pieds joints. Il s'agissait de l'Espagne et des grands moines inquisiteurs. Il aurait été beau et fier pour un fils de Saint Dominique de réhabiliter ces grands calomniés, de montrer leur rôle réel, de déchirer la légende, de renoncer à nier l'Inquisition. Pour cela, le Père Monsabré, qui sait les faits, n'aurait pas eu besoin d'humilier ses ancêtres, de les diminuer, de les excuser, de leur demander pardon en leur nom.

Il aurait pu les revendiquer tout entiers, sans coupures, sans accommodements ; et il aurait eu le beau rôle en plantant fièrement le nimbe sur ces têtes rasées.

Cette fois, mais cette fois seulement, la sainte audace lui a manqué et il a sacrifié la vérité en l'honneur d'un vague libéralisme à la Perraud.

Ces choses étaient bonnes à écrire sur le Père Monsabré, parce qu'elles n'avaient pas encore été dites. Ses admirateurs les plus zélés avaient décrit sa personne qui n'est rien, et négligé son talent qui est tout.

Ainsi, après un sermon qu'il venait de prêcher, il avait un soir vu entrer dans la sacristie un jeune homme tout ému.

Ce jeune homme se jeta aux genoux du moine, ou plutôt s'écroula sur le prie-dieu.

Le Père Monsabré crut à une conversion subite et demanda au visiteur : Que désirez-vous, mon ami ?

— Je voudrais savoir, mon Père, si vous portez, dans la vie privée, une calotte noire ou une calotte blanche.

Il ne faudrait pas croire que ce jeune homme fût un plaisant de mauvais goût. Non, c'était un excellent reporter qui voulait renseigner d'une façon exacte les lecteurs d'un journal bien pensant.

Certes, il rentra dans son bureau de rédaction, convaincu qu'il venait de poser une pierre à l'édifice en l'honneur du Père Monsabré.

Quant au dominicain, il eut besoin de regarder sa calotte pour savoir si elle était blanche ou noire : il ne l'avait jamais su.

Tel est l'homme que le Saint-Père avait trouvé digne du Sacré-Collège ; tel est le cardinal dont nous a privés l'entreprise Laugenieux, Harmel et Cie.

LES ŒUVRES CATHOLIQUES

SERVITUDE MILITAIRE

Les gens qui vivent du prêtre — en le mangeant — dansent depuis des années un pas assez peu respectueux sur le cadavre des œuvres militaires catholiques.

Pour les détruire, le gouvernement s'est appuyé sur les légistes qui, sur tous les toits des ministères et par toutes les lucarnes de la presse officieuse, miaulent au public les commentaires des justes lois dans un ton doux de chats qui rentrent leurs ongles afin de les mieux aiguiser.

S'il avait fallu compter, pour défendre les œuvres menacées, sur le zèle des évêques, courant après la politique comme les chasseurs après le lièvre, la cause aurait été bien malade. Heureusement, elle

avait un avocat qui depuis quarante ans la défen-
dait avec le génie du zèle : c'est M. l'abbé de Laval,
le seul aumônier militaire en France qui fut officiel et rétribué, le seul, autour de qui, les lois de
1875 et de 1880 aient passé comme un feu de
mousquet autour d'un fort. Depuis quarante-deux
ans M. de Laval servait dans les armées de terre
et de mer. Par la grâce de lois antérieures, son
grade était sa propriété et les décrets nouveaux
avaient présenté les armes devant la porte de sa
cellule.

Pour savoir ce qu'était jadis un aumônier des
armées de France, il faudrait avoir vu ce vieil
homme dans son vieil appartement du donjon
de Vincennes.

Le logis où s'est endormi ce corps de soldat est
comme on n'en voit plus guère, même en province : en parfaite harmonie avec le personnage
qui l'habitait, il tient un juste milieu entre la
cellule du moine et le tournebride du lieutenant.
Les livres fréquentent avec les épées et un re-
volver d'ordonnance protège un petit crucifix
d'ivoire.

M. de Laval était un homme de taille médiocre,
mais vigoureux et râblé comme un vieux loup,
dont il avait le poil hérissé.

Son visage accentué s'arrêtait dans un profil
très ferme. Il avait le nez immense et busqué, un

nez de grande maison, et tout le visage, depuis le front jusqu'au menton, semblait taillé à l'ébauchoir, un ébauchoir qui pourrait bien avoir été un sabre de cavalerie.

Par le physique et par le costume, ce prêtre-soldat eût été digne du pinceau d'Hogarth : l'antique clémentine de velours qui cachait toute la tête et ne laisse voir que la face, semblait un casque dont le heaume aurait été relevé. Quatre ou cinq houppelandes étaient attachées les unes sur les autres par des boutons antiques, les mains qui sortaient à peine des manches trop vastes, étaient belles et les doigts, allongés comme des doigts de femme, avaient été superbement déformés par le port d'une épée. Tel était l'homme qui, en France, dirigeait les œuvres militaires catholiques et les maintenait sur le terrain légal, terrain qui est solide dans les sociétés régulières. L'homme est mort, l'œuvre survivra si les évêques ne la laissent pas choir.

L'œuvre paroissiale militaire est à l'usage des Français enfermés dans la caserne, maison où la loi de 1874 avait interné le culte religieux, tandis que la loi de 1880, par un texte précis, a rendu les soldats à la paroisse. La loi a supprimé l'aumônerie officielle, soldée par l'État, mais elle n'a pas supprimé le droit et les moyens de reconstituer une aumônerie paroissiale libre, ce qui a été fait.

Dans cent cinquante garnisons de France, des prêtres attachés aux paroisses ont pris, sans inventaire, la succession ouverte des aumôniers militaires. Les soldats sortis après la soupe vont librement au presbytère ou chez un vicaire se réunir, causer, écrire ou jouer:

On ne peut pas pour cela les accuser de former un cercle, pas plus que l'on ne peut accuser les enfants du catéchisme de constituer un club. On ne peut pas leur reprocher non plus de mépriser la loi sur les associations illicites.

Cette antiquité, qui date du 10 avril 1834, n'est pas un meuble logeable ici. Les soldats se réunissent autour d'un prêtre de leur paroisse, comme des paroissiens qu'ils sont.

Ce droit ne leur était pas contesté tant qu'ils n'étaient pas soldats; il ne leur sera pas contesté quand ils seront passés dans l'armée territoriale. Pourquoi leur serait-il discuté pendant leur service militaire actif? Les habiles, ceux qui dansent autour des mots et font de l'équilibre sur les marges du code, ceux-là disent que les règlements militaires défendent les associations de soldats. La réunion de toute une armée ne constituera jamais une association.

Mais, continuent les politiciens, toutes ces aumôneries sont des prétextes pour donner pieux asile aux séminaristes soldats. Cet argument singulier ferait croire que la loi de l'abbé sac-au-dos avait pour but non pas de faire servir les futurs prêtres, mais de les empêcher de devenir prêtres en les faisant servir.

Pour entrer dans la pratique, que fait-on dans ces réunions paroissiales militaires contre lesquelles il sort des dénonciations de partout, comme il sortait des poux de l'inépuisable veine de Silla ? On apprend au soldat le respect d'un chef, qui est Dieu, et on lui dit que les officiers sont les représentants de ce Dieu sur la terre.

Il est convenu que le colonel est un père. La loi, cette fille de M. Joseph Prudhomme, le dit du moins ; eh bien ! l'aumônier tâche de remplacer la mère. Dans les réunions du soir il donne les objets nécessaires pour écrire à la famille éloignée : le papier, l'encre et souvent le timbre.

Alors, se pansent les plaies que la discipline a faites dans la peau tannée du paysan d'hier. Pour l'officier, le soldat est un numéro matricule ; pour le camarade il a un nom ; au cercle seulement il s'entend appeler quelquefois par son prénom, comme on l'appelait là-bas, à la ferme.

De la politique on n'en fait pas, tandis qu'on en fait au cabaret, tandis qu'on en fait à la conférence anarchiste, où le petit soldat errant sera tenté d'entrer lorsqu'il sera sans le sou et sans abri.

Si l'on veut savoir ce que sont les directeurs des réunions paroissiales, il faut lire la liste des aumôniers réunis en assemblée générale à Paris, le 8 juillet 1891.

On trouve là les noms de cent cinquante anciens aumôniers des armées de terre et de mer ; tous ont fait plusieurs campagnes ; quelques-uns ont fait toutes les campagnes depuis un demi-siècle. Les gens du pouvoir s'effrayèrent de leur réunion, ils réclamèrent en hâte le registre secret des délibérations. Voici cé que le ministre lut sur ce registre qui sentait un peu le tabac et beaucoup la poudre :

« Il entre dans les conditions indispensables de
« la discipline dans l'armée que l'autorité militaire
« ait le droit, reconnu par l'Église, d'obtenir de
« ses subordonnés une obéissance entière et une
« soumission de tous les instants. Même au point
« de vue religieux, le soldat ne peut être respon-
« sable des ordres qu'il exécute ; c'est l'autorité
« qui est responsable des ordres qu'elle donne. »

Quel général français oserait proclamer un ordre du jour aussi net ?

Aussi M. de Freycinet approuva-t-il le compte rendu rédigé par les cent cinquante aumôniers, présidés par M. l'abbé de Laval.

Cela n'empêchera pas un parlementaire quelconque de venir un de ces jours, avec des gestes de moulin à vent, un large bec de corbeau en appétit, questionner le ministre sur les cercles militaires.

Le ministre, s'il est en veine de courage, pourra faire une courte réponse.

— Les cercles militaires pour les soldats n'existent pas. Je ne connais que des réunions paroissiales autorisées par l'article II de la loi de 1880.

Puis il pourra ouvrir le compte rendu de l'assemblée des aumôniers libres; il racontera ce que l'on fait dans les assemblées du soir et il pourra demander aux députés :

— Cela ne vaut-il pas mieux pour les soldats que de devenir des drôles en courant après des drôlesses?

Il se trouvera sans doute un brave homme pour conter à la tribune que les réunions paroissiales sont des écoles politiques où l'on distribue les portraits du Roi.

C'est ainsi qu'on invente tous les jours des raisons plus lâches les unes que les autres pour chloroformer l'Église de France.

Grâce à Dieu, la Vaillante est plus difficile à endormir que ses chefs et, après l'abbé de Laval mort, il reste encore de bons prêtres, bons soldats.

II

AGENCE MATRIMONIALE

Au bout du faubourg Saint-Germain, entre la
rue de Sèvres et la rue du Cherche-Midi, se cache
une rue déserte et morne : c'est la rue de la Barouillière. Dans cette rue, la nuit y avance chaque soir
et le jour y retarde chaque matin. Entre des maisons tristes, éclate une porte cochère vert bouteille.
Elle donne sur une cour fermée, à droite et à
gauche, par de vieux bâtiments du dix-septième
siècle.

Au fond de la cour, brille un chalet, très gai,
tout couvert de porcelaines émaillées, tout doré
sur tranches. Ce n'est pas un théâtre, c'est une
chapelle. Et les vieux bâtiments qui l'encadrent,
s'ils formèrent autrefois un hôtel de grande maison,
sont aujourd'hui un couvent fin d'Église.

C'est là que vivent les Dames Auxiliatrices des
Ames du Purgatoire. Le but de cet Ordre, le but

officiel à cette splendeur que l'Église romaine, cette millionnaire de beautés, donne à tout ce qu'elle couvre de son nom : des femmes, veuves ou jeunes filles, sacrifient leur vie à prier la nuit pour les morts et à courir le jour, de mansarde en mansarde, semer une charité discrète.

Les Dames Auxiliatrices portent, non pas le costume religieux, mais la robe noire et le chapeau en pagode, que les petites bourgeoises en deuil aimaient sous le règne de Louis-Philippe. Grâce à ce costume qui n'est ni monastique ni laïque, les Auxiliatrices peuvent aller là où la cornette de la sœur de charité ne saurait se montrer, chez les pauvres honteux et chez les pauvres haineux.

Le personnel se divise en deux catégories : les moteurs et les instruments.

Les instruments sont des filles belles et pieuses qui, vers trente ans, ont voulu cacher dans le sein de Dieu quelque amour trompé. Chair à martyre, elles vont, une fois leur dot reçue, mourir au fond de la Chine ou dans quelque lointaine colonie. Celles-là sont dignes de tous les respects, et si vous les trouvez dans la rue, saluez-les très bas ; comme on salue au passage les victimes expiatoires.

Les moteurs sont d'un autre bois. Ce sont des veuves terribles, veuves qui, après des orages sans nombre, sont venues dans cette calme demeure continuer pour le ciel les agitations qu'elles eurent pour la terre. Celles-là ne vont pas voir les pauvres, ne vont pas en Chine ; amazones en retraite, elles ont d'autres cordes à leurs arcs. La Supérieure, aussi invisible que le tombeau de Mahomet, est une femme ignorante et lourde à qui son lieutenant, la Mère Saint-Pierre, ferait croire qu'un bœuf peut voler ; et elle se mettrait à la fenêtre si on lui disait de s'y mettre pour voir passer cet animal fantastique.

La Mère Saint-Pierre, veuve du sculpteur Simard, est la femme qui reçoit. Un peu voûtée, comme si la multitude des emplois qu'elle occupe était une armure trop lourde, cette chanoinesse de l'atelier est belle encore. Elle porte sa tête comme un reliquaire, fait bien tomber les plis de son châle de laine et craquer ses souliers de maroquin noir. C'est un portrait qui marche, mais un portrait arraché à une galerie de 1830.

Deux jours par semaine, elle donne des audiences ; le vendredi, elle préside une réunion. Cette assemblée se compose de dames de tous les âges et de tous les mondes — de tous les mondes riches — qui viennent travailler en silence et écouter la Mère Saint-Pierre. Car, cette religieuse étonnante prononce des sermons et ses sermons sont des élans mystiques terminés par des appels à la bourse des travailleuses. Elle est vraiment superbe à voir, la veuve du sculpteur, dans sa petite chaire, sa poi-

trine de volcan soulevée, le front labouré par les
sillons de la vie, les pupilles agrandies, grosses
comme deux balles, prêtes à frapper le cœur des
auditrices. Haletante, palpitante, l'haleine courte,
la Mère Saint-Pierre monte vers Dieu, et, brusquement, redescend vers la quête finale.

Orgueilleuse et insolente comme trente-six co-
chers anglais galonnés d'argent, elle sent que tous
ces cœurs de femmes lui appartiennent, à elle qui
se vante parfois de diriger la conscience de l'archevêque de Paris.

Le jour de réception est plus curieux que le
jour de réunion : de vieilles dames élégantes descendent de leur coupé ; et dans les anciens salons
dont les lambris furent vert d'eau, — la couleur
douce de l'espérance — dans les anciens salons,
elles se rangent sur des sièges et attendent leur
tour. De temps en temps, murmurent une ou deux
toux, de ces toux de dévotes qui musiquent et qui
flûtent.

Tout à coup, une jolie femme très élégante entre
bruyamment et produit dans la salle l'effet d'un
carrosse à six chevaux pénétrant dans une cathédrale. Alors, au fond de la pièce, sur sa croix, le
Christ de grandeur naturelle, qui se tord en sai-
gnant, semble souffrir davantage.

Dans sa petite cellule, plutôt croulée qu'assise
sur un fauteuil de paille, la Mère Saint-Pierre

reçoit chacun à son tour. Mais elle ne parle plus de Dieu, elle ne parle plus de sainte Brigitte ; elle parle encore moins de sainte Catherine : elle prépare des mariages. Les vieilles dames lui amènent la clientèle et les jeunes veuves se conduisent elles-mêmes. C'est pour l'amour de Dieu et pour le bien des âmes que cette veuve prépare des unions. Jamais il n'est question d'argent, jamais il n'est question de commission. Le plus naïvement du monde, les familles tombent dans le piège de duvet tendu par l'habile religieuse. D'ailleurs, on n'est pas difficile sur le choix des fiancées, rue de la Barouillière ; et, l'an dernier, on voulait remarier une jeune divorcée, malgré les peines que l'Église édicte contre le divorce.

Mais un beau jour, quand le mariage est amorcé, la Mère Saint-Pierre ne reçoit plus : elle est malade, elle est alitée et elle renvoie ses victimes à la Mère Saint-Paul. Celle-là est laide, d'une rude laideur : son visage pâle et ravagé, ses bandeaux plats faits de chanvre roussi, ses yeux glauques, éteints, sous des lunettes sales, son nez épaté de léopard, ont une expression qui effraie. La Mère Saint-Paul est l'homme d'affaires de la maison : pendant que la Mère Saint-Pierre enveloppe les mères et les filles de ses tendresses, elle prend des renseignements sur les pères et sur les fils. Munie de son petit dossier, connaissant le fort et le faible de chacun, elle trouve des inconvénients au mariage et, après de longues discussions, elle conseille aux familles une large aumône qui, remise entre ses mains, conciliera la faveur divine. Malheur à qui refuse ! Les dames les plus aimées, les plus choyées par la Mère Saint-Pierre, valent, aux yeux de la Mère Saint-Paul ce que valent les écorces d'orange, quand l'orange n'y est plus. Alors dans le vieil hôtel de la rue de la Barouillière, on se souvient que l'Église est une fille des catacombes et qu'elle a toujours en elle les noirceurs de son berceau. Seulement, les catacombes de la rue de la Barouillière sont plus riches que les catacombes romaines.

La Société a son banquier et son notaire, ce qui ne l'empêche pas de refuser l'impôt au fisc, sous prétexte de pauvreté.

Telle est la première agence matrimoniale catholique de Paris. Que Dieu protège l'auteur contre la colère de ses directrices, car s'il ne craint pas les hommes, même en robes, il a une sainte terreur des femmes, même en travesti Louis-Philippe !

III

MARTYRE PARISIENNE

Malgré une sympathie ardente pour les filles
dévotes, femmes pour lesquelles la foule est d'une
injustice superficielle et cruelle, malgré cette sympathie — ou cette passion — j'ai détaillé plus haut
l'opérette lamentale du simili-couvent des Auxiliatrices. On est entré dans cette maison ou les agio-
teurs d'Église, déguisées en religieuses, prostituent,
au milieu de toutes les affaires de ce monde et de
l'autre, le Christ qu'elles pendent à leur cou, sans
doute pour lui faire souffrir le martyre une fois de
plus.

Mais, à côté de ces femmes qui, en récitant des
prières, pensent plus au diable qu'au Bon Dieu, il
y a celles qui, en pensant à Dieu, ne cessent jamais
de panser les plaies humaines et, parmi ces plaies,
choisissent les plus hideuses, les plus repoussantes
pour des mains de femmes destinées à toucher des

fleurs, pour des yeux de femmes destinés à admirer le bleu du ciel.

Tous les Parisiens qui sortent le matin — il y en a, paraît-il, — tous ont rencontré une voiture antique tirée par un cheval poussif et conduite par un vieillard en blouse. Ce carrosse qui a pu être un omnibus de famille et qui, veuf de carreaux, a mal fini, tournant en tapissière, ce carrosse contient une foule de caisses et de paniers, de la viande crue, de la viande cuite, des morceaux de pain déjà broutés, des bouteilles de vin à moitié vidées, et, au milieu de tout cela, une religieuse au sombre costume. C'est la voiture de la petite sœur des pauvres qui va d'hôtel en hôtel, de restaurant en restaurant, mendier les débris des tables riches pour nourrir les pauvres et les vieillards, les meurt-de-faim, que la honte et la misère font grelotter dans les lointains greniers du Paris inconnu.

Chaque quartier a sa voiture et sa sœur qui s'en vont, l'une dans l'autre, faire leur quête quotidienne. La religieuse qui parcourait, il y a quelques mois, les environs des Halles, ne pouvait pas passer inaperçue. Le nom de la petite sœur semblait une ironie de la modestie, ainsi jeté sur cette femme dont la taille restait moulée pour les splendeurs de la soie, pour les orgueils du velours.

Sœur Marie de la Passion était une de ces filles qui poussent sur les ruines de l'aristocratie et fleurissent sur celles de l'Église, comme les lis sur les murs croulés.

La coiffe voulait être humble et pourtant dessinait sur cette tête comme le cimier d'un casque.

Sœur Marie de la Passion marchait dans ses gros souliers avec une majesté qui était presque profane, tant elle révélait la grande dame qu'aurait pu être la petite sœur.

Avant de porter son nom de religieuse, elle avait appartenu au monde, sous un nom que les champs de bataille de la guerre et les champs de bataille des salons avaient rendu célèbre. Petite-fille d'un maréchal de France, fille d'une des mondaines les plus connues de l'Empire, elle avait poussé dans le milieu le plus cultivé, le plus ratissé, comme une rose mystique et sauvage.

Belle et fière, elle avait inspiré l'amour des hommes sans jamais le partager. Elle avait vu longtemps pleurer sa mère, loin d'un père dont la vie agitée effraya sa jeunesse comme épouvante l'inconnu. On lui avait à peine parlé de ce père, mais on le lui avait montré débauché, impie, contempteur de toutes les lois divines et humaines. Et il avait, en effet, tous les vices qui peuvent tenir en faisceau autour du cœur d'un gentilhomme.

Mlle de C..., avait l'âme ardente : elle porta dans les pratiques de la vie religieuse, la flamme d'une jeunesse sans apaisement, et le monde la vit pour

la dernière fois, le jour où elle prit le voile dans la
blanche chapelle des petites sœurs des pauvres.
Elle fut regrettée, car jamais elle n'avait été plus
belle qu'à l'heure où le Saint-Sacrement, du haut
de l'autel, jeta ses rayons, comme un soleil, sur ce
front courbé, pour l'accabler de sa gloire. Elle ne
regretta rien et mit, sans un frémissement, à son
doigt mince, l'alliance d'argent qui est celle du
Christ. C'était le premier anneau de cette chaîne
formée de devoirs pénibles qui devait se river dans
le martyre.

Et maintenant, elle s'en allait heureuse, dans la
carriole ecclésiastique, chercher les lambeaux de
viande desséchée et les morceaux de pain déjà
mordus.

Autour d'elle, elle inspirait un absolu respect, et
les garçons des restaurants de nuit, habitués à
servir d'autres filles, s'inclinaient devant cette fille
de charité et parfois même l'aidaient à porter son
lourd paquet.

Sœur Marie de la Passion était, au commencement de l'hiver dernier, dans la fleur mûrie de sa
jeunesse. Ce n'était plus la jeune fille à la chair
lumineuse d'émail fondu. Les privations avaient
jauni cette perle de fraîcheur, près de laquelle les
autres perles semblaient autrefois mates et grises.

Grands et réguliers, les traits avaient pourtant
gardé leur noblesse, mais une noblesse doulou-

reuse. Ils étaient hâlés par le grand air et semés de ces grains d'orge qu'on appelle les taches de rousseur. Les yeux seuls n'avaient pas changé en leurs larges prunelles d'un bleu si intense et si profond, que parfois ils semblaient noirs.

Le sens droit, perçant et supérieur, qu'on rencontre chez les femmes du monde, quand on n'y trouve pas l'opposé, avait fait donner à sœur Marie de la Passion la part de travail la plus pénible. Pour arriver dans les restaurants qui ne ferment qu'au matin, elle devait être levée la première et rentrer quand ses sœurs sortaient. Elle devait prélever son déjeuner sur celui de ses pauvres, et — on l'a su depuis — pour ne leur rien enlever, elle se nourrissait de ce qui restait au fond des assiettes, de ce que les mendiants eux-mêmes auraient refusé !

Le 15 décembre dernier, elle ne put sortir. Depuis huit jours, elle n'avait rien mangé. Un mal épouvantable dévorait le palais et la langue de sœur Marie de la Passion. Elle avait pris, en avalant les restes trouvés sur une assiette, un mal horrible, inconnu pour elle, mais que la science nomme d'un nom dont les jeunes gens sourient. La langue de la malheureuse fille était dévorée par un chancre envahissant ; le ferme et frais tissu de ses joues blanches et roses était meurtri par le mal et tombait en morceaux purulents.

Elle s'était plainte seulement quand la douleur

et la fièvre avaient été plus forts que son corps de femme.

Le médecin appelé déclara qu'il fallait faire l'ablation de la langue. L'opération ne réussit pas et, après des douleurs infernales ou divines, la petite sœur des pauvres est morte, le 5 janvier, à cinq heures du soir, au moment où l'ombre, croissant à chaque minute, tombait un peu plus du haut de la voûte blanche sur le lit tout blanc, sans rideaux.

Elle est morte pour n'avoir pas voulu donner aux pauvres les restes qu'elle trouvait dégoûtants pour eux, suffisants pour elle.

Ce martyre, à la première heure d'une année où ils seront rares, dans une ville où ils ne courent pas les rues, est plus beau peut-être que celui des moines qui vont finir en héros dans les pays sauvages. Ceux-là, au moins, ont une mort noble, digne de leur but et de leur vie.

Mlle de C..., elle, dernière branche d'un vieux chêne héraldique, est tombée sous la hache d'un mal ridicule, et son martyre a eu cela de sublime qu'il est resté presque inavouable.

Sur sa tombe, qui est un tertre de terre, orné d'une croix noire, les petites sœurs des pauvres, ses sœurs, peuvent poser une palme, et sur la croix elles ont le droit de faire graver cette épitaphe :

CI-GIT SŒUR MARIE DE LA PASSION
VIERGE ET MARTYRE
1893

Les aînées, celles qui depuis des siècles dorment sous la terre de Saint-Calixte, à Rome, et dans les autres catacombes de la primitive Église, n'ont pas plus de droit au titre de martyres que cette fille très pure d'un temps qui n'est ni pur ni primitif.

LA FRANCE AU VATICAN

I

UNE LONGUE AMBASSADE

Chaque fois que M. Lefebvre de Behaine vient se reposer dans son château de la Cômerie, on espère que le repos va être définitif et que notre ambassadeur est sur le point de subir une retraite à laquelle son grand âge et sa fatigue l'appellent depuis longtemps.

Dans le cas ou le vieil ambassadeur se croirait assez de vigueur pour remplir encore des fonctions publiques, le gouvernement pourrait lui offrir la la direction d'une caisse d'épargne, fonction à laquelle ses goûts et ses aptitudes l'appellent.

L'un et l'autre de ces postes conviendraient fort à M. Lefebvre; mais la diplomatie qu'il pratique depuis un demi-siècle lui aura moins réussi à lui et surtout à son pays.

Le député républicain qui demandait un jour pourquoi l'on n'avait pas un livre jaune sur les négociations de l'ambassade pontificale ne connaissait pas M. Lefebvre ou était un ironique.

On n'a pas écrit de livre jaune parce que M. Lefebvre de Behaine s'il est resté dans l'inaction près du Vatican, raconte en longues dépêches ses souvenirs de jeunesse diplomatique. Sieyès, à qui l'on demandait ce qu'il avait fait pendant la Révolution répondait : « J'ai vécu ».

M. Lefebvre, sans avoir l'excuse des grands orages, pourra répondre : « Je suis resté ».

S'il avait employé à faire quelque chose toute l'activité, tout le génie qu'il a mis à ne rien faire et à conserver son poste lucratif, il aurait peut-être été un grand politique; mais il a peur des complications; il fuit les affaires; il se bouche les oreilles pour ne pas être renseigné et choisit des collaborateurs dignes de lui.

En arrivant à Rome, il trouva M. Baylin (de Monbel) plus homme de sport que diplomate et M. l'abbé Guthlin, et il a vécu flanqué de ces deux larrons.

Il manque de toutes les qualités nécessaires à un diplomate : la prévoyance, la nette conception des situations, la connaissance des personnes, la décision et l'énergie lui font défaut. Il ne voit jamais que les conséquences immédiates d'une affaire. Au lieu d'exposer les choses telles qu'elles sont, il s'efforce d'atténuer les incidents et il plaide près du gouvernement français la cause de tout ce qui est galimbertiste au Vatican. La vieillesse n'est pas la seule cause de la mollesse du diplomate : au moment de la prise de Rome par l'armée italienne les patriotes romains se livrèrent à la chasse des zouaves pontificaux. Un d'entre eux s'était réfugié chez le grand cardinal Pitra. Le prélat écrivit à M. de Behaine, alors chargé d'affaires. Après plusieurs jours, ne recevant pas de réponse, le cardinal s'adressa au général Cadorna. Le sauf-conduit fut immédiatement donné à notre compatriote.

Au bout de huit jours, M. de Behaine, fit déclarer à S. E. Pitra, qu'il ne pouvait intervenir. Heureusement, le zouave était déjà loin.

Il trahit l'amitié de Mgr Puyol, un diplomate de grande école qui est aussi un narquois dont la raillerie en actions a des traits féroces. Mgr Puyol, alors supérieur de Saint-Louis des Français, tendit plus d'une fois une main secourable au diplomate embourbé et jamais ne se vengea de la plus cruelle ingratitude qu'avec des armes fines comme des aiguilles.

Un jour par exemple, M. Lefebvre de Behaine

ayant demandé un fauteuil dans le chœur de Saint-Louis des Français, Mᵍʳ Puyol donna l'ordre de monter le trône qui servait jadis aux ambassadeurs du Roy.

Le dimanche suivant M. Lefebvre fut obligé de s'asseoir sous un dais fleurdelisé d'or, timbré de la couronne royale et soutenu par les mains de la justice.

Il faut ajouter vite que si le représentant de la France enfourchait, par hasard, une affaire pour la mener et la malmener, Mᵍʳ Puyol venait charitablement à l'aide.

Tant que le supérieur de Saint-Louis ne fut pas victime des rancunes de son *ami*, les pèlerinages ouvriers ne causèrent aucun désordre. On a vu ce qui est arrivé en 1891.

Rome est une source d'informations : M. Lefebvre ne sait rien, ne voit rien. Dans le beau palais Rospigliosi, dont il compromet l'élégance sévère par une installation hurlante de peluche et de satins fanés, au fond de son bureau, il vit isolé dans une économie féroce. L'hiver, il se protège contre les vents glacés de Rome derrière un paravent de papier vert. Il reçoit les visites rares, un châle de laine tricotée sur les épaules, une couverture d'attente sur les genoux, et quand il exécute du coude son salut gêné, toute sa personne roule dans ce bizarre accoutrement.

Dans les cérémonies officielles, lorsqu'il place sur sa poitrine, toutes ses décorations, les plaques et les croix n'ont pas l'air d'avoir là leur domicile légal.

Dans ce Français, il y a du Napolitain. Il n'a du ruffian, ni les mollets, ni les jarrets, ni la beauté, mais il en a l'impudence, le geste et l'âme.

Sa figure s'en va à la maraude ; large à droite, mince à gauche, elle est mal éclairée par des yeux de lièvre effarouché.

Les moustaches sont faites avec des crins de brosse et le menton est orné d'une impériale qui est une flatterie pour les opinions du beau-frère, M. Frédéric Masson, le fidèle du feu prince Jérôme.

Longtemps d'ailleurs, l'ambassadeur de la R. F. forma dans Rome, avec M. Hébert et un prélat, le groupe le plus nombreux du parti jérômiste.

L'abeille est restée le symbole de M. Lefebvre. S'il ne l'a pas glissée dans les armes de comte que le Pape lui a données, la raison en est simple : la couronne palatine a été posée sur la tête de M. Lefebvre en 1872, après la chute de l'Empire, lorsque l'on voulut récompenser en la personne du chargé d'affaires les services rendus par d'autres.

Sous le règne de M. Lefebvre, les républicains sont inexcusables s'ils demandent la suppression de l'ambassade. Il n'y a pas d'ambassadeur. On trouve seulement, dans les escaliers du Vatican, une chose falote, tremblante et repliée. De ce paquet sort un éternel cri :

« Qui va là? Hé! ma peur à chaque instant s'accroît...
« Messieurs : ami de tout le monde. »

Et cet homme, fait de peur comprimée, essaie parfois de plaire tout en gardant le plaisir de desservir. On ne peut pas dire ce qu'a laissé derrière lui ce Jourdain de la diplomatie démocratique Jourdain moins équilibré que l'autre et qui demande son Molière. On peut conter ce qu'il a vu accomplir. Pour ses débuts, il a sacrifié les intérêts de la typographie française en laissant donner le monopole des livres liturgiques à une imprimerie de Ratisbonne.

C'est lui qui fit livrer à notre ennemi Galimberti, à l'agent de Berlin, la grand-croix de la Légion d'honneur. Par contre, il abandonna aux mains italiennes et allemandes le grand cardinal français qui s'appelait Pitra.

Dans l'affaire de la nonciature de Chine, nous perdions notre influence et nos droits sans le courage de M. de Freycinet qui enfin éclairé se conduisit en ministre des beaux temps.

Les catholiques qui vont à Rome ne peuvent apercevoir l'ambassadeur; ils sont reçus par un abbé plus ou moins diable d'abbé, qui les traite en gêneurs.

M. Lefebvre de Behaine semble ignorer que la Propagande est le premier bureau d'informations du monde. Le Vatican ne lui annonce rien : on ne le craint pas, on ne l'aime pas.

Pour le protectorat tunisien, nous aurions été dupés si le cardinal Lavigerie n'avait pas fait un sauvetage, et enlevé brusquement tout espoir de primatie sur la côte d'Afrique, à l'archevêque de Malte.

Les ambassadeurs étrangers veillent aux nominations de cardinaux, les prévoient, les empêchent ou les préparent : M. Lefebvre ignore huit jours d'avance la date des consistoires !

Un jour pourtant il a sauvé ce Capitole qui est Saint-Louis des Français. Il s'est, en cette affaire, privé d'un prélat de tact et d'esprit pour se charger d'un petit abbé qui connaît mieux la Russie que l'Italie. Ce protégé de l'ambassade a si bel air qu'un cardinal disait :

— « M. d'Armalhac célèbre toujours sa messe comme s'il relevait d'interdit. »

C'est dans l'intimité de ce saint personnage que vit notre ambassadeur. Les deux sont des repentis et peuvent causer d'un passé qui a été agité s'il n'a pas été brillant.

Le saint personnage n'a pas toujours été le Behaine édifiant qui, sous les espèces d'ambassadeur

de la République française, fait aujourd'hui l'admiration de la Curia.

Sa jeunesse aurait été, dit la chronique, assez
élégante et, il l'aurait prolongée jusqu'à un âge
relativement avancé.

Aujourd'hui M. Lefebvre travaille à ramener à
Dieu les dames qu'il connaît ; il les exhorte à l'imiter, à faire le sacrifice de tout ce que le temps à déjà
enlevé, à s'inspirer de cet esprit d'ordre qui le
guide même dans les choses du salut éternel et à
savoir tirer parti de l'outrage des ans. Il leur enseigne l'art d'accommoder pour le ciel les restes de
cette vie, et d'offrir à Dieu tout ce dont le monde
ne veut plus.

II

LES OUVRIERS AU VATICAN

En septembre 1891 fut annoncé le pèlerinage à Rome de vingt-cinq mille ouvriers français. On apprit un beau soir qu'ils étaient arrivés dix mille. Les autres n'étaient pas morts en route ; ils étaient simplement restés chez eux. On avait mal compté. Les organisateurs avaient fait une erreur, une double erreur même ; car sur les dix mille pèlerins, on trouvait à peine deux mille ouvriers. Le reste se composait de petits bourgeois, d'abbés en vacances et d'impresarios en travail.

Tout pèlerinage traverse deux périodes : la militante et la triomphante, celle de la préparation et celle du voyage. Le voyage appartient à la grande histoire, à celle que le télégraphe raconte, les préliminaires sont moins connus.

Son Éminence laïque, le cardinal Albert de Mun et Mgr Langénieux, son brosseur, avaient déjà organisé plusieurs caravanes populaires vers Rome. Ils avaient conduit au Vatican des cargaisons d'ouvriers bien frottés, bien lavés, de ceux qui travaillent les jours du pèlerinage, comme les ouvriers de grèves travaillent les jours d'émeute.

Mais l'encyclique de Léon XIII et le mouvement tournant des évêques, inspirèrent à MM. de Mun et Langénieux une grande idée : Pourquoi ne pas faire un pèlerinage monstre, un pèlerinage à la Barnum, pour servir les intérêts de la Monarchie compromis au Vatican ?

Il s'agissait de traiter les affaires des Princes sans éclat, sans embarras, sans vitres brisées.

Ouvriers et patrons furent choisis, triés sur le volet.

Les journaux dévoués eurent mission d'annoncer le but officiel du voyage : une manifestation de reconnaissance aux pieds du Saint-Père pour son encyclique.

Quand le cuvier fut bouillant d'enthousiasme, on y jeta, tête la première, le jeune duc d'Orléans et l'on annonça que le fils du Comte de Paris prendrait part à la petite manifestation, Mgr Langénieux triomphait, M. de Mun était satisfait, quand le comte Lefebvre, ambassadeur de France au Vatican, vint refroidir toutes les ardeurs : il expliqua en tremblant au Pape la manœuvre secrète, et Léon XIII déclara que si le plus petit prince se cachait ou se montrait parmi les ouvriers, les portes du Vatican resteraient closes.

Le jeune duc d'Orléans se consola d'un mot fort Régence : « Eh bien! dit-il, si l'on ne veut pas de moi au Vatican, j'irai au Quirinal ».

Les commanditaires de l'entreprise — commanditaires est au féminin — eurent le chagrin plus lourd. Le comte de Mun fut accusé de duplicité. On lui reprocha d'avoir tout prévu, d'avoir prévenu l'ambassadeur, trahi la Monarchie, trompé Mgr Langénieux. On ne parlait rien moins que d'arrêter les frais et le modeste archevêque, tout humble, tout contrit, semblait de cet avis.

Il fallut l'éloquence du grand gentilhomme d'Église, pour démontrer que le premier projet avait toutes les qualités de la jument de Roland, laquelle les avait toutes, mais était morte. Or, M. de Mun n'aime pas à remorquer des cadavres; voilà pourquoi le pèlerinage s'est fait sans princes.

L'archevêque de Reims en fut quitte pour mettre à ses rêves une feuille de vigne et M. de Mun en a profité pour mettre à ses idées une couronne de lauriers.

Le voyage prit une couleur indépendante et démocratique qui fit pleurer l'archevêque et sourire le comte.

C'est que Mgr Langénieux est un enfant gâté, resté enfant de la maison d'Orléans. Les Princes l'ont jadis pris par le menton, pour le faire nager sans péril à travers les honneurs, et jamais ils n'ont abandonné leur protégé.

Curé de Saint-Augustin à Paris, Mgr Langénieux avait montré la frivolité pieuse et la mondanité ecclésiastique qui conviennent à cette paroisse. Il cachait l'indigente nudité de son esprit, sous une magnifique enveloppe de bienveillance et de courtoisie. Des influences heureuses le servirent, et il monta toujours, n'oubliant pas ses premiers amis.

Esprit à répétition, qui croit sonner son heure et sonne celle de tout le monde, il se mit à faire du socialisme chrétien, et fut chargé de servir de frein à M. le comte de Mun.

La tâche était difficile ; le grand orateur catholique appartient à la branche cadette dans la famille des hautes intelligences. Il apparaît comme un chat qui a fréquenté les arcades des académies romaines et tout à coup il fait entendre un miaulement de tigre dans les jungles du parlementarisme.

Il fuit entre les mains des autres, parce qu'il fuit entre les mailles de son propre esprit.

Il a des élans de courage et des bonds de terreur.

Tantôt sa belle main manie une belle épée ; tantôt cette main fausse la lame, ou la brise.

Celui que ses adversaires attaquaient en le saluant comme les Français saluaient les Anglais à

Fontenoy, celui-là est devenu presque Italien. Il s'est rendu digne d'appartenir au pays où les poisons sont toujours mêlés aux parfums. Mais il a une qualité sans envers : il connaît si bien le maniement des hommes que même en les traitant d'imbéciles, il sait se faire aimer par eux. Il a le génie du charme.

Il séduit, il entraîne; et voilà comment il a pu mener à Rome, pour le seul bien de *ses œuvres*, des hommes qui croyaient y aller pour la seule gloire de la Monarchie. Son but a été d'éblouir le Pape, de flatter le grand vieillard, de donner un gage à la Papauté. Mais il a échoué.

Ces hommes naïfs, ces Français ardents virent passer avec terreur le tourbillon de la diplomatie italienne, ils eurent plus mal aux yeux qu'au milieu des tourbillons de l'atelier.

Ils apprirent à leurs dépens que la grande lutte entre le Vatican et le Quirinal est une simple querelle de voisins. Ils virent le prisonnier du Vatican prier, le plus courtoisement du monde, le préfet du roi de protéger les pèlerins.

Dans un mouvement d'enthousiasme, l'un d'eux écrivit sur un registre du Panthéon : « Vive le Pape ! »

Il ne fut pas étonné d'être expulsé par le roi Humbert. Mais il resta stupéfait de voir le Pape approuver le Roi et ne s'agiter de l'incident que pour envoyer promener les pèlerinages ouvriers de l'avenir.

Les brebis de M. de Mun n'eurent pas, au retour, la subtilité de faire la réponse que fit jadis un protestant anglais rentré dans son pays, après une bruyante conversion dans Rome :

— « Vous avez donc vu de bien belles choses? lui demandait une dame.

— « J'ai, au contraire, vu tant de faiblesse, tant de désorde, que j'ai compris combien était forte la religion catholique, pour résister depuis des siècles au gouvernement de ses chefs. »

L'œil des ouvriers français ne porta pas si loin, et je ne crois pas que les mandements apoplectiques de Mgr Langénieux leur aient ouvert les yeux.

Par contre, ces hommes primitifs ont dû se demander pourquoi on leur a fait visiter toutes les chapelles et toutes les ruines de la Rome chrétienne, sans les mener au tombeau de Pie IX. Ils n'ont pas compris comment les combinaisons diplomatiques ont empêché d'adresser un pieux souvenir au Pontife qui aima la France et les Français sans préméditation, sans but intéressé.

III

LA FRANCE ET L'ALLEMAGNE AU VATICAN

Dans le courant de février dernier (1893), un fait s'est passé, à Rome, qui ne serait rien ailleurs, et qui, dans l'immuable cité romaine, est le symptôme d'une maladie chronique.

Le général de Loë, envoyé extraordinaire d'Allemagne, a reçu la décoration du Christ. Cet ordre, est donné par le Pape aux seuls princes souverains.

Jusqu'ici, une seule exception avait été faite en faveur du prince de Bismarck, au temps où le chancelier était le maître de l'Europe, au temps où Léon XIII courbait devant lui son front trois fois couronné.

L'ambassadeur extraordinaire de France, M. le comte Lefebvre de Behaine, sera, dit-on, le troisième échantillon de la faveur pontificale. Il n'en reste pas moins vrai, qu'une fois encore, dans la Rome des Papes, la protestante Allemagne aura eu le pas sur la France catholique.

Dans la réception des pèlerinages, notre pays a reçu une autre humiliation.

Le Pape devait accorder audience aux pèlerins français présentés par leur cardinal, le comte de Mun, et ses deux grands vicaires, les prélats Richard et Langénieux.

Malgré la haute influence du brillant orateur qui croit être le représentant et le porte-parole de Léon XIII, l'audience n'a pas eu lieu au jour indiqué.

Le Pape, trop souffrant pour recevoir les Français, accueillait je ne sais quelle tribu italienne.

Nos compatriotes ont été remis au lendemain, en compagnie des Hongrois. C'est la première fois, depuis des siècles, qu'un pèlerinage français, conduit par trois princes de l'Église, est confondu, dans sa réception, avec les envoyés d'une autre nation.

Cette singulière aventure a valu un joli mot de diplomate. Un prélat disait :

— Devinez par qui j'ai entendu raconter, ce matin, la réception des pèlerins français ?

— Par un Hongrois, sans doute, répondit le diplomate.

Ce n'était d'ailleurs pas d'un Hongrois dont voulait parler l'évêque. C'était de Mme Hyacinthe Loyson et de son fils, qui formaient à Rome le groupe le plus nombreux du pèlerinage français.

La femme du prêtre Hyacinthe est, d'ailleurs, une des admiratrices les plus ferventes de Léon XIII. Cela fait le plus grand honneur au Pape politique.

Pour cesser de plaisanter au milieu des tristesses de cette cour décrépite, il faut revenir à l'Allemagne.

Le Pontife qui aura été le derviche-tourneur de la Papauté, prépare une nouvelle évolution.

Léon XIII va où son intérêt le pousse. C'est un rêveur, mais qui ne rêve que de choses pratiques.

La France n'a pas répondu à ses avances. La politique pâle du cardinal Rampolla distille l'ennui. Le Pape est fatigué de travailler avec ce ministre dont la piété, comme la politique, portent l'anémie jusqu'à la chlorose.

La France qui, à elle seule, avait porté quatre millions au Jubilé précédent, avait envoyé, cette fois, des souvenirs dont la valeur pèserait peut-être lourd dans la balance du cœur. Mais, à Rome, ce ne sont pas les petits cadeaux qui entretiennent l'amitié; ce sont les grands.

Enfin le jugement de la cour d'Amiens, qui réforme celui du Tribunal de première instance, et déclare le Saint-Père incapable d'hériter en France, a profondément ému Léon XIII.

Quand sa politique était devenue républicaine, le Pape espérait que le Gouvernement reconnaîtrait cette faveur et ferait abandonner l'héritage de la marquise du Plessis-Bellière. Mais ce n'est pas seulement l'envolée des quatre ou cinq millions de la bonne morte qui chagrine Léon XIII. Derrière cet héritage était embusquée toute une combinaison qui échoue piteusement.

Si le principe avait été admis, le Pape aurait ordonné au clergé de préparer les agonies pieuses. Toutes les demoiselles de France, maigries dans les austérités, tous les chanoines vieillis dans le même exercice, auraient été invités à ne plus faire de dons aux œuvres religieuses — par crainte de spoliation.

Tout aurait été légué au Souverain-Maître, qui aurait été insaisissable, et qui se serait servi de l'argent pour les œuvres religieuses italiennes. Les fonds envoyés à Rome changent quelquefois de destination en route. L'église de Saint-Joachim, pour laquelle les catholiques ont déjà donné des millions, risque fort d'être finie par un seul miracle. Un évêque portait l'autre jour au Saint-Père trente mille francs pour les besoins de Sa Sainteté, et quinze mille pour les murailles de Saint-Joachim.

— Je vais porter cette seconde aumône au Comité de l'Œuvre, dit le prêtre.

— Laissez-cela là, répondit le Pape.

Et il prit les quinze mille francs avec les trente mille, pour jeter le tout dans le fameux tiroir de son bureau qui est la caisse de la Chrétienté.

Au milieu des déceptions que lui donne la France, le Pape a eu des consolations d'outre-Rhin.

Les petits faits expliquent les grands comme la vitre reflète le soleil : en un rayon.

Les pays allemands se sont mis à faire des cadeaux d'argent à Léon XIII, comme les pères en font à leurs fils, comme les galants en font à leurs courtisanes. Le royaume de Prusse a envoyé plus d'un million.

L'empereur d'Autriche a adressé une cassette avec cent mille francs. La noblesse autrichienne, plus moderne, a renoncé au contenant pour n'expédier que le contenu. Le Pape a reçu d'elle un chèque de cinq cent mille francs. Tout cela, et d'autres choses encore, font du vieillard éveillé l'ami des pays allemands. On le prépare savamment. On exploite son goût pour l'argent et on tourne le Papauté vers des destinées qui s'accompliront sans efforts.

Si la Triple-Alliance a son candidat, elle a ses grands électeurs : ce sont, le cardinal Galimberti, aujourd'hui cardinal résidant à Rome; et le cardinal Kopp, archevêque de Breslau, le plus protestant des catholiques, ou peut-être le moins catholique des protestants.

M. Kopp, large d'épaules, général allemand vêtu en prêtre, avec des yeux ronds qu'on a toujours peur de voir tomber, aura pour mission, dans le prochain Conclave, d'entraîner les cardinaux étrangers. Le petit troupeau des vieux prêtres romains sera confié à l'influence de cet esprit, très peu saint, qui est Galimberti.

Dans la prélature, ce qui est noble et généreux commence à trembler; ce qui est bas et rampant a déjà l'audace de siffler.

On sait très bien que l'ancien aumônier de la marquise Spada n'acceptera pas la secrétairerie d'État. Mais il n'ira pas davantage à Venise. Aux lagunes, il préfère les petites rues romaines, dont les détours plaisent à son esprit compliqué.

Galimberti est le seul homme avec lequel Léon XIII ait aimé à travailler. Lui seul savait à point flatter le Pape, et faire adopter ses idées en les prêtant généreusement au Saint-Père. C'est dire la force de ces souvenirs chez Léon XIII, que d'écrire qu'ils ont réellement force de spectres.

L'influence d'un Galimberti sur un Pape affaibli est un danger pour l'Église et pour la France en particulier. Le chauvinisme ne doit rien exagérer, mais le patriotisme doit veiller.

LES RUINES DE L'ÉGLISE ROMAINE

I

LE RÊVE DU VIEILLARD

Le prince Jérôme Napoléon, celui qui fut traité d'esprit faux parce qu'il ne pensait pas comme les sots, allait mourir seul, à Rome, dans une auberge meublée.

Un prélat qui craignait de le voir finir en païen lui disait des choses édifiantes :

— « Ne vous alarmez pas, monseigneur, interrompit le malade, un Bonaparte doit mourir concordataire. »

Et le prince tint parole : il accepta les derniers sacrements quelques minutes avant d'avoir perdu la connaissance finale, évitant ainsi des complications diplomatiques à son beau-frère, le roi d'Italie.

Le pape Léon XIII veut vivre comme le neveu de l'Empereur est mort.

A la lueur d'une maigre lampe, le soir, dans une chambre froide et monastique du Vatican qui est une cellule, un vieillard gratte d'un crayon nerveux une brochure imprimée, aux marges jaunies. Il efface, rature, corrige. La brochure est le Concordat. Le correcteur est le Pape.

Le rêve de Léon XIII a toujours été d'inscrire son nom au bas du traité que firent Pie VII et Napoléon. L'édifice est solide, il a été construit par la main du génie. Mais après un siècle ou presque, le plus beau monument a besoin de restauration et Léon XIII, affamé de gloire à en mordre les marbres du Vatican, voudrait être ce restaurateur.

Le projet lui a été inspiré par le cardinal Czacki, de polonaise mémoire, alors nonce à Paris. Le diplomate romain s'était donné la mission de réconcilier la République avec le Saint-Siège. Il était fort en relations avec Gambetta, qui ne confondait pas dans sa haine le cléricalisme et l'Église. A la fin d'un dîner, le nonce remonta ses lunettes d'or sur le nez court et large qu'il avait, et proposa au tribun sommeillant de préparer avec Léon XIII la restauration du Concordat.

— « Vous serez, disait le prélat, le Napoléon de la combinaison, et j'en serai le Consalvi. »

L'idée plut à Gambetta. Le Pape s'enthousiasma

pour un projet qui flattait son orgueil et des négociations secrètes furent commencées. Elles durèrent longtemps, comme durent toutes choses à Rome, et la mort de Gambetta les trouva inachevées.

Léon XIII, qui restera dans l'Histoire le Pape politicien comme Léon X est resté le Pape politique, se rappela le plan de Czacki, lorsque le Vatican entra, au commencement de l'année 1890, en coquetteries réglées avec la République.

Le cardinal Rampolla s'intéressa fort au projet. Grâce à lui, pour la première fois depuis longtemps, la France reçut de Rome un nonce qui avait l'ordre de jouer à la sympathie pour la France, et qui la connaissait un peu. Mgr Ferrata, qui jadis avait servi de secrétaire à Mgr Czacki et copié les rapports confidentiels, fut envoyé à Paris, avec mission de se rendre agréable. Cette nomination ne se fit pas sans difficulté, d'abord parce qu'à Rome rien ne va sans encombre, et aussi parce que Mgr Galimberti veillait.

Le nonce à Vienne, dont l'influence a maintenant l'éclat d'un lustre qui se rallume, s'agitait pour faire envoyer à la rue de Varennes un de ses filleuls en politique germanique.

Le Saint-Père allait peut-être céder — ce cèdre a plié si souvent — quand le cardinal Rampolla s'est interposé : « Les Français, a-t-il dit, admireront deux fois la grandeur de la politique de Votre Sainteté, s'ils ont un nonce sympathique. »

Cet argument bien développé décida Léon XIII.

Le Pape fut absolument convaincu que seul il avait choisi Mgr Ferrata.

Le projet était au moins hardi à l'heure où tous les partis extrêmes, ceux de droite et ceux de gauche, souhaitaient la séparation de l'Église et de l'État.

Léon XIII avait beaucoup compté sur le cardinal Lavigerie pour mettre ses projets en pratique. Mais le primat, satrape appesanti et rêveur, s'alourdissait et s'ankylosait dans ses palais d'Afrique.

Le Vatican s'adressa alors à celui des archevêques français qui avait la plus féroce envie de recevoir le chapeau et qui l'a reçu depuis lors. Il le chargea de faire des ouvertures à M. Carnot. Ce serait une fin de septennat glorieuse pour le président que de badigeonner la façade de l'Église, cette façade superbement peinte par l'éclatant pinceau de ce Napoléon dont le premier des Carnot fut le serviteur.

Il était peu probable pourtant que le président consentît à sortir, pour une aussi grave affaire, de sa réserve constitutionnelle ; et le Concordat risquait fort de rester ce que Napoléon l'a fait, jusqu'au jour où l'État et l'Église annuleront leur diplomatique mariage.

Toujours est-il que l'acte de 1801 est le pivot de la politique française, les ministères tombent dessous, vivent dessus et, si l'on ne fait pas de théologie dans le Parlement, on y fait à chaque séance de la casuistique.

Un moine du moyen âge qui s'échapperait de sa tombe mal fermée et ferait le tour de notre petit rond politique — tous les ronds ont la forme de zéros — ce moine resterait stupéfait en voyant qu'aujourd'hui, comme au xiiie siècle, la vie publique roule, en France, autour de l'Église. Le flot de siècles qui a englouti la monarchie et les monarques a laissé debout la question des rapports de Dieu avec les citoyens. Cette question qui brûlait hier, qui est tiède aujourd'hui, flambera peut-être demain.

Sous un Pape et un Gouvernement qui sont concordataires à l'envi, on se demande pourquoi l'instrument, qui devrait être de paix, devient à chaque instant, une arme de guerre et l'on voit avec stupéfaction l'auguste traité servir aux hommes politiques, comme le dictionnaire sert aux mauvais élèves pour se le jeter à la tête. C'est que le Concordat de 1801 se compose de deux parties. La première comprend dix-sept articles ; elle est intitulée : *Convention entre S. S. Pie VII et le Gouvernement Français*. La seconde a quatre chapitres et soixante-dix-sept paragraphes classés sous le titre général d'*Articles organiques*.

La première partie est à la seconde, ce que la déclaration des droits de l'Homme est à la Constitution. On y trouve des formules et des règles générales ; c'est un portail, un portique si vous voulez, ce n'est pas une maison où l'Église et l'État puissent cohabiter amicalement.

Tout le monde s'entend sur la belle architecture et la somptueuse ordonnance de cette convention. Mais l'accord cesse, si l'on entre dans les articles organiques, c'est-à-dire dans l'édifice.

A époques fixes, les prêtres protestent contre cette seconde partie de la loi. Le clergé accuse simplement les articles orgnaniques de ne pas faire partie du Concordat, parce qu'ils ne portent pas la signature du plénipotentiaire romain et sont l'œuvre de Portalis.

La politique, qui a ses beaux désordres comme les femmes et les odes, a fort embrouillé la question pour en faire une des plus difficiles qui soient au monde.

L'histoire du Concordat est bourrée jusqu'à la gueule des plus bas commérages et il semble curieux de résumer la genèse de ces articles organiques auxquels Léon XIII voudrait donner la vie catholique en les coupant, peut-être.

Après la Révolution, l'Église française n'avait plus de défense ; elle se trouvait esseulée dans un

État nouveau où disparaissaient les ruines de ses anciennes constitutions. Napoléon voulut refaire ce que la guerre civile avait brisé, et huit jours après la victoire de Marengo, il engagea les négociations pour cette grave affaire.

Ici n'est pas le lieu où se puisse redire la comédie diplomatique qui se joua entre Consalvi et Bonaparte. D'un côté, traîne et subtilise le prélat aux yeux clos, aux mains amaigries, qui marche sans avancer et qui glisse sans bruit le long de ses promesses pour se retrouver le lendemain un peu moins loin qu'il n'était la veille.

En face de ce fils de Machiavel, se dresse l'homme de la force positive, l'Empereur futur, l'esprit ardent et flambant qui porta dans la guerre la plus haute moitié de ses pensées, mais qui, de l'autre moitié, aurait gouverné le monde.

La lutte de ces deux hommes aboutit, après des ruptures sans nombre, à la signature d'un acte régulier.

Les ratifications furent enfin échangées le 10 septembre 1801. Le cardinal Consalvi partit avec un Concordat de dix-sept paragraphes, et ce fut avec terreur que plusieurs mois après, la Cour romaine reçut un Concordat grossi de soixante-dix-sept articles nouveaux. Quelle est l'autorité, quelle est la valeur de ces articles organiques? sont-ils une loi d'Église? sont-ils une loi d'État?

Il est établi que les articles organiques ne font pas partie intégrante du Concordat, mais, il est aussi prouvé qu'ils furent supportés ultérieurement par le Pape.

Cette preuve vient des réclamations mêmes de la Cour de Rome, puisque le cardinal Consalvi écrivait à M. Cacault, notre ambassadeur, à l'occasion de la publication du Concordat :

« Les articles organiques sont représentés comme la forme et le rétablissement de la religion catholique en France. Cependant, plusieurs de ces articles s'étant trouvés, aux yeux du Saint-Père, en opposition avec les règles de l'Église, S. S. ne peut pas, à cause de son ministère, ne pas désirer qu'ils reçoivent les modifications convenables et les changements nécessaires. Le Saint-Père a la plus vive confiance dans la religion et la sagesse du premier Consul, et le prie directement d'accorder ces changements. »

Cette réclamation est-elle un cri d'horreur contre les articles organiques ? A-t-elle la forme d'une protestation solennelle de l'Église contre la loi nouvelle ? Non, certes, surtout si l'on sait que ces lignes sont précédées d'une longue page où éclate la joie du Saint-Père.

Le 24 mai la satisfaction du Pape se manifesta d'une façon plus complète :

« Nous avons remarqué, déclara-t-il, qu'on a

promulgué simultanément avec notre convention quelques autres articles qui nous étaient inconnus et auxquels nous ne pouvons pas ne point demander qu'on apporte les modifications et les changements convenables et nécessaires. »

Ce n'est donc pas l'abolition des articles organiques que demandait le Pape, il se contentait de quelques modifications.

La Papauté n'a jamais collaboré aux articles organiques. Mais elle les a subis pour conserver le précieux Concordat.

De son côté, le premier Consul, qui classait les hommes comme Buffon classait les bêtes, fut obligé de composer deux assemblées pour obtenir un vote d'ensemble; il commanda les articles organiques pour cacher sous cette épaisse couverture les dix-sept articles du Concordat. Jamais, de l'aveu même de Consalvi, on ne se permit en France d'apposer au bas des articles organiques les noms qui se lisaient au bas du véritable Concordat, et Portalis, ce lumineux esprit, dont on a obscurci à plaisir les clairs discours, a résumé tout le débat lorsqu'il a écrit :

« Le Concordat est un traité; les articles organiques sont une loi d'exécution. »

Ceux qui ont voulu voir un acte de duplicité dans la conduite de Napoléon, ceux qui ont traité le premier Consul d'empirique, sacrifiant les principes au salut de la France, n'ont pas lu le décret du Corps législatif. Le voici :

— «La Convention passée à Paris le 26 messidor, an IX, entre le Pape et le Gouvernement français et dont les ratifications ont été échangées à Paris, le 23 fructidor an IX ; ensemble les articles organiques de ladite Convention et les articles organiques des cultes protestants dont la teneur suit, seront promulgués et exécutés comme des lois de la République. »

La distinction n'est-elle pas clairement établie dans ces lignes entre le Concordat et les articles organiques, entre le traité diplomatique et la loi nationale ?

Le génie, comme la courtisane antique, compte sur la splendeur de ce qu'il montre pour se faire pardonner ce qu'il fait. Napoléon montra au monde le Concordat, brillant comme le soleil, éclatant comme la foudre, et l'œuvre était assez utile à l'Église pour que l'Église l'achetât au prix des articles organiques.

En pratique, ces articles discutés font partie du Concordat parce que le Tribunat et le Corps législatif n'auraient pas voté l'un sans l'autre. Si l'on efface les soixante-dix-sept paragraphes organiques sous prétexte qu'ils n'ont pas été approuvés par la Papauté, il faut aussi effacer les dix-sept articles du Concordat signés par le Pape. Raccourcis à leurs corollaires, ces derniers sont privés de la signature d'une des parties contractantes, c'est-à-dire de la signature française.

La situation est précise, bien que d'une complication savante; les régulateurs les meilleurs ne sont pas les plus simples. Le Concordat est une pièce d'horlogerie savante sortie d'une main géniale : aucun Pape ne l'a admirée d'une admiration plus sincère que Léon XIII; à cause de ce culte et pour fermer la bouche aux ultras qui se servent des articles organiques comme d'un instrument de discorde, Léon XIII rêve, depuis qu'il est sur le trône, d'apposer sa signature au bas, non plus seulement des dix-sept articles, mais des articles organiques.

Ce projet est-il un prétexte pour faire accepter par la République des modifications aux articles organiques? Léon XIII voudrait-il se jeter dans les jambes de l'Histoire avec des airs de jeune conquérant ? Ou bien veut-il sincèrement que les articles organiques, vieille machine de guerre entre l'Église et l'État, deviennent un pont solide entre les deux pouvoirs? Telle est la double question qui se pose et qui se posera peut-être toujours, car le prisonnier blanc ne réalisera sans doute pas son vieux projet. Il continuera, jusqu'à la fin de sa vie, à gratter et à corriger pour lui seul un exemplaire du Concordat. Brumel de la politique, il imitera le

grand dandy qui, pour se donner le mensonge de
la gloire, faisait annoncer à la porte de sa chambre
vide les plus grands noms de l'Europe. Le Pape
croit peut-être jouer à la diplomatie avec l'ombre
de Bonaparte, et c'est là l'illusion charmante d'un
vieillard.

II

LES JOURNAUX DU PAPE

Le Pape n'a pas de journal : Léon XIII l'a déclaré cent fois dans cent audiences accordées à des diplomates. Les ambassadeurs ont gardé là-dessus — on verra pourquoi — un silence qui doit peser à leurs langues légères de secrets. Mais un cardinal romain, qui n'a pas les mêmes raisons pour se taire, raconte confidentiellement à tout le monde le court dialogue qu'il a eu récemment sur ce sujet avec le Saint-Père.

— J'ai lu, insinua l'Éminence, dans l'*Osservatore romano*, le journal de Votre Sainteté...

— Veuillez savoir, monsieur le cardinal, interrompit le Pontife, veuillez savoir que je n'ai pas de journal. Quand il faut exprimer ma pensée comme Pape, je publie un document officiel ; quand il me plaît de faire connaître mon opinion comme homme, j'adresse à un évêque une lettre que je rends publique.

Cette réponse lève le voile indécent qu'une fausse pudeur met sur toutes les choses de Rome : les deux journaux qui se disent officiels, l'*Osservatore romano* et le *Moniteur de Rome*, ont pour les catholiques en général, et pour les Français en particulier, de ces amabilités que La Rochefoucauld a classés dans son chapitre de l'amitié. Or, les grandes feuilles de Paris, catholiques ou non, ramassent pieusement les champignons empoisonnés qui poussent sur ces fumiers italiens.

Les fausses nouvelles de ces journaux sont publiées avec respect, discutées avec modération, non pour elles-mêmes, mais pour la source d'où on les croit canalisées.

Trois groupes de personnages auraient pu, depuis beau temps, protester contre cette erreur.

Les diplomates n'ont rien dit, parce que les chancelleries font insérer leurs petites informations personnelles dans ces journaux et trouvent un intérêt à grandir le crédit des feuilles dont elles usent.

Le Vatican s'est tu, parce que, si le Pape n'a pas de journal, chacun des groupes ennemis qui forment le bel ensemble de la cour pontificale entretient — assez mal d'ailleurs — un journal. Certains prélats peuvent ainsi faire passer pour parole de Pape ce qui est parole de valets.

Enfin, les journaux gardent l'impassibilité de

vieux Turcs sourds et aveugles et jouent les officieux, parce que le soleil pontical pourrait seul
dorer leur noirâtre nullité.

Ce jeu est celui de l'*Osservatore romano* qui
timbre son papier des armes pontificales et voudrait faire prendre ses articles indigestes pour des
bulles ou des encycliques.

Le style dont cette feuille est rédigée prouverait
seul que le Saint-Père y est étranger. Léon XIII est
un incontestable lettré. Il fait sur sa pensée un joli
travail de ciselure et ne se reconnaît pas plus dans
les lourdes machines de l'*Osservatore*, que dans le
manifeste des cinq cardinaux français. D'ailleurs
l'*Osservatore* a reçu un démenti officiel du Saint-
Père lui-même. M. Ribot, quand il était ministre
des affaires étrangères, avait cité la parole du Pape
d'après le journal italien et, par voie diplomatique
Léon XIII déclara que l'*Osservatore* en avait menti.

Les cinq cents exemplaires qui forment l'exact
tirage du journal romain ne tuent pas ceux qu'ils
attaquent. Mais ils tuent les rédacteurs de ce journal. Le petit étage mystérieux de la rue Saint-
Ignazio où s'édite l'*Osservatore*, aussi sombre
qu'une lanterne magique sans lumière, abrite
autant de collaborateurs qu'un kaléidoscope voit
défiler de pantins.

Le marquis Crispolti fut congédié il y a trois
ans. Ce garde-noble, qui ressemblait à un portrait

de tabatière un peu effacé par le temps, a laissé,
rue Saint-Ignazio, plus d'argent qu'il n'a ramassé
de célébrité. Le pauvre homme s'en est allé, morne
comme le dégoût, et depuis son départ le journal
est fait à coups de ciseaux qui ne coupent pas. Des
gens anonymes, cachés derrière leurs lunettes,
grattent la presse étrangère jusqu'à ce qu'ils aient
trouvé — truffe merveilleuse — quelque grosse
injure pour la France.

Le *Moniteur de Rome* essaye d'être plus vivant
et il vit, en effet, si vivre c'est ramper. Celui-là est
écrit en langue suisse par des Allemands et pour
des Allemands. Il ne se prétend pas officiel. Il se
croit officieux. Fils adultétin du *Journal de
Rome*, il fut fondé par Galimberti quand ce prélat
eût été pris ailleurs en flagrant délit d'espionnage.
Après dix ans d'efforts, le journal est arrivé à un
tirage de trois cent quatre-vingts exemplaires et
justifie toujours le mot du spirituel cardinal Gui-
bert qui disait, en payant sa quittance : « Je fais
mon abonnement de charité. » Les collaborateurs
vivent en se faisant les reporters des journaux
protestants de l'Angleterre et de l'Allemagne.
L'abbé Bœglin, dont le plus infime degré de la
prélature a fait un Monsignor, travaille pour la
Prusse. Mince comme un bambou dont il a les
nœuds dans l'esprit, ce Teuton a été présenté comme
Alsacien-Lorrain au Saint-Père. Mais le français

déshonorant qu'il écrit trahit le lieu de sa naissance. Ennuyeux comme s'il était savant, cet abbé pratique, vis-à-vis de Galimberti, son Dieu, le double ilotisme de la soumission et de la lâcheté. Tortue intellectuelle, il éprouve, pour commettre ses articles, les mêmes difficultés que pour trouver ses paroles ; et pour se dépêtrer dans ses courtes idées, il a recours au suisse Carry, son lieutenant-général. Malheureusement la littérature de ce dernier personnage, qui est laïque, est un modèle d'illogisme, d'incohérence et de difficultés toujours victorieuses.

Bœglin est grossier, Carry est poli. Ce frère questeur du journalisme passe sa vie à mendier des correspondances. Il avait, à une époque, réussi à tromper un rédacteur du *Gaulois*. Il se mit à verser sur ce journal des lettres si étonnantes que le jeu dura un mois à peine et que le Carry dut se rabattre sur d'autres régions.

Aujourd'hui, Bœglin, le jumeau de Guthlin, et Carry leur laquais, envoient leurs renseignements à l'étranger et les cueillent là pour les replacer dans le *Moniteur*, ce qui donne une extraordinaire fraîcheur aux informations de ce journal. Il est de principe, dans la maison, de ne jamais citer un journal catholique. On reproduit d'ordinaire les discours des ennemis de l'Église, sauf s'ils sont impartiaux : quand M. Floquet fit à la Chambre l'éloge de feu Mgr Freppel, le *Moniteur* sauta ce passage dans son compte rendu de la séance.

Comme un citronnier entre deux orangers, fleurit, entre Bœglin et Carry, un troisième personnage dont la figure semble taillée dans la brique, tant l'alcool a laissé sa signature sur cette face couperosée : Zuchetti, proche parent de Mgr Boccali l'ancien auditeur du Saint-Père, est le gérant du *Moniteur*.

Celui-là n'écrit pas ; il touche les subventions. Car si le *Moniteur* n'est pas le journal du Pape, il peut se dire, par droit de coût, le journal du Vatican. Zuchetti, d'une main hardie, plonge dans tous les budgets et tâche toujours de coller à sa peau un peu de grosse monnaie. M. de Schlœser, ministre de Prusse, apporte aussi son obole dans le tronc de la place du Gésu. Et ces nobles pensions ne donnent pas la vie au pauvre *Moniteur* qui siffle en vain du fond de la cave où croupit son insignifiance.

Tels sont les deux journaux qui essayent de compromettre le Pape et que la complicité inconsciente de la grande presse aide parfois dans leur besogne.

Il y a pourtant en Italie, à Rome et à Milan, des journaux catholiques qui servent l'Église en soldats d'avant-garde. Ceux-là sont peu cités, s'ils sont beaucoup lus. Ils vaudraient d'être mieux connus de ce côté-ci des Alpes.

Voici la *Voce della Verità*, où le souvenir du grand Pie IX vit et règne. Dans cette maison, on sait combien peu dure le respect des pouvoirs détruits et l'on attend l'avenir sans l'appeler. Le propriétaire du journal est le prince Lancelloti, un homme dans lequel, selon le mot de Shakespeare, « chaque pouce est un homme ». Il est de la grande maison des Massimo et il se montre le digne petit-fils de ce prince à qui Charles-Quint disait :

— On prétend que vous descendez de Fabius Maximus ?

— Oui, sire, répondit le praticien, c'est un bruit qui court dans les rues de Rome depuis douze cents ans.

Le prince actuel, plus fidèle au Pape que le Pape ne l'est à lui-même, s'est retiré à Castel-Gandolfo depuis que les Piémontais occupent Rome. Il dirige de loin la politique de son journal, où la France est toujours respectée, — peut-être en souvenir du comte de Chambord.

On pourrait reprocher à la *Voce* d'être retirée de tout et de trop pratiquer la maxime que le mépris est la seule colère du gentilhomme. Il est un autre journal intransigeant que ce blâme n'atteindra jamais : c'est l'*Osservatore catholico* de Milan,

qu'il ne faut pas confondre avec son demi-homo-
nyme de Rome.

Le directeur du journal de Milan, l'abbé Albertario, est le seul grand polémiste catholique qui
reste debout dans l'Italie écrasée. Ce prêtre — qui
a l'honneur de ne pas être prélat — a l'âme de
Veuillot, du grand, et la hauteur de sa foi voisine
souvent avec les sommets du génie.

Il a, depuis vingt ans, subi toutes les humiliations, tous les outrages, et il réalise le mot de
sainte Thérèse qui défiait Dieu de l'empêcher de
l'aimer, même en la damnant. Si l'abbé Albertario
avait voulu les succès d'actualité, il aurait pu en
trouver dans le procès de diffamation que lui a
intenté la coterie italienne, sous le pseudonyme
du professeur Stoppani. Mais ce penseur voit plus
loin que les triomphes de l'heure présente. Le
jour où son journal serait l'organe du Vatican, ce
jour-là, la presse des deux mondes pourrait
s'incliner, respectueuse, et croire la parole de ce
prêtre comme la parole d'un soldat.

LE TESTAMENT DU PAPE

Léon XIII aurait remis à une commission de prélats son testament politique, et le cardinal Monaco La Valetta y serait désigné comme pape futur.

On sait très bien d'où partent ces flèches ; mais on ignore la main qui les envoie. Ce sont là jeux du Vatican : quand le soleil est trop chaud, quand le travail n'est plus possible, on se met à faire des prophéties et à faire des pronostics.

Je me trompe, on les cueille dans l'air. Le mal est qu'on donne à ces idées ambulantes la forme d'informations précises, en un pays ou rien n'est précis.

Il est peu probable que le Pape ait remis son testament à une assemblée. Il est probable que Sa Sainteté en a fait un, plusieurs peut-être successifs et contradictoires Enfin, il est certain que dès

le début la sympathie de Léon XIII appartenait à
S. E. Monaco La Valetta et qu'elle a diminué récemment.

La tiare n'est pas une couronne héréditaire. Ce
n'est point un bijou d'opéra que le ténor d'hier
lègue au soprano de demain. Le Pape n'a pas le
droit d'élire son successeur. Ce privilège appartient aux cardinaux réunis en conclave autour d'un
cercueil, celui de Léon XIII. Tous les catholiques
qui ne sont pas cardinaux, c'est-à-dire éligibles,
souhaitent sans doute que ce grand événement ait
lieu le plus tard possible.

En attendant, aucune loi n'interdit au Pontife
régnant de léguer un conseil supérieur à la troupe
de ses conseillers ordinaires : on a vu un pape désigner trois princes de l'Église au choix du conclave
futur, et l'on a vu ces trois oints monter successivement et glorieusement sur le trône de Pierre.

La nouvelle publiée restait donc intéressante,
elle prouvait que l'esprit de Léon XIII était dès
lors tourné vers un avenir qui sera pour lui la fin.

Elle démontrait aussi qu'une évolution s'était
faite dans l'âme du Pape. La genèse de ces sentiments nouveaux est curieuse à suivre.

— « Si Léon XIII n'est pas le père de la Triple
Alliance, il en est l'oncle », disait, il y a quelques
années, un diplomate très renseigné.

Le mot était juste : l'influence du chef de l'Église

a seule pu décider une première fois l'empereur d'Autriche, dont l'âme est pétrie de chevaleresques sentiments, à entrer dans une alliance que son honneur et peut-être son intérêt lui fermaient.

Mais, au temps de la première signature du traité, Léon XIII ignora une clause secrète alors, publique aujourd'hui. En se rajeunissant, la Triple-Alliance, mauvaise fille, a lâchement abandonné le Vatican, sans réserve, sans pudeur, avec cette superbe indépendance de cœur qui est épidémique chez les nations.

Ce fait connu a ôté au Saint-Père bien des illusions sur les autres et sur lui-même. Les journaux du parti pieux ont reçu l'ordre de combattre la Triple Alliance renouvelée : ils l'ont attaquée avec le sabre qu'ils avaient forgé pour la défendre. En même temps Léon XIII a eu peur de ses anciens favoris. Il s'est souvenu d'avoir pendant plusieurs années préparé pour la tiare un cardinal qui un beau jour avait dit :

— « Si le Saint-Père devait rompre l'unité italienne pour reprendre son pouvoir, je préférerais qu'il restât prisonnier au Vatican. »

Le Pape n'a pas davantage oublié la fin étrange de ce cardinal bien-aimé, et comme le Pape croit en la justice divine, il s'est demandé si cette mort n'était pas un avis tombé de très haut.

Il a cherché autour de lui et il a fait entre son

âme italienne et sa volonté chrétienne une conciliation : ses yeux se sont fixés sur la figure du cardinal Monaco La Valetta. Voilà pourquoi ce prélat
est appelé dans Rome *le cardinal blanc*. Il méritait
déjà ce surnom par la pureté de ses mœurs et
l'honnêteté pâle de sa vie sans ardeur.

Un examen public soutenu devant le pape
Pie IX mit, dès ses débuts, en évidence Mᵉ Raphaële Monaco La Valetta, aujourd'hui doyen
du Sacré-Collège des cardinaux, cardinal-évêque
d'Ostia et Velletrie, grand pénitentier apostolique
et président de la Propagation de la Foi.

Né en 1827, il était, à vingt-cinq ans, prélat
attaché au Saint-Office. Déjà, derrière ses lunettes
énormes, sous une large calotte de velours, il
avait la pose et le physique d'un grand inquisiteur. Il préférait pourtant à la pratique des affaires
de disciplines, l'étude des hautes questions métaphysiques, et il reçut avec bonheur la pourpre qui,
dès 1868, lui rendit la liberté.

Devenu vicaire général de Sa Sainteté à la mort
du cardinal Patrizzi, il revint alors à ses premières
amours, la Congrégation du Saint-Office. Président
de la Propagation de la Foi, il jouit d'une énorme
influence dont il use pour faire faire le silence
autour de sa personne. D'aucuns prétendent que
ce procédé est le meilleur pour préparer une candidature à la tiare.

Mgr Monaco, sans être de grande maison, apartient à la vieille noblesse italienne ; s'il entre au Vatican, il n'aura pas besoin, lui, de donner à feu son père des lettres posthumes de noblesse.

Ce sujet l'intéresse d'ailleurs fort peu ; rien en lui ne révèle le gentilhomme sous le prêtre : la tête est petite sans être fine ; le corps semble ployé par le travail et le regard sans flamme tombe plus souvent vers la terre qu'il ne s'élève vers les sommets. La soutane n'a pas les fins plis d'une toge praticienne. L'ensemble est celui d'un chanoine fort occupé des soins de sa charge plus que celui d'un cardinal appelé au gouvernement du monde chrétien.

Cependant le sourire est bienveillant ; l'accueil poli, même courtois, révèle surtout la timidité, une timidité que tout jette dans l'épouvante.

Longtemps le cardinal a passé pour un mécontent parce qu'il s'était réfugié dans le travail aride des congrégations. La liste de celles dont il fait partie remplirait une fort belle pierre tumulaire et il trouve le temps de ne jamais manquer une séance.

Le nouveau Benjamin de Léon XIII est un théologien ou plutôt un dictionnaire vivant de théologie. Son cerveau est un vaste magasin de doctrines : il a oublié de faire l'étalage. Portée par lui, la blanche soutane risque de paraître grise.

On lui reproche à Rome deux choses ; une vertu, sa rigidité de principes ; elle pourra lui nuire ; un défaut, son économie ; il pourra déplaire aux courtisans, mais il restaurera les coffres du Vatican.

L'intelligence du cardinal n'est faite pour effrayer personne : elle laissera de la place aux jeunes ambitions, elle n'épouvante pas Léon XIII, qui désire un successeur assez pâle pour donner à son propre règne un éclat de soleil.

Le cardinal Monaco a une dernière qualité qu'il ne faut pas oublier : son âge est assez avancé — il est né en 1827 — pour ne pas faire craindre un trop long règne. Les électeurs ne seront pas insensibles à cette considération.

On ne peut pas dire qu'il haïsse les Français. Il les craint comme il craint le diable. La Cour impériale, où il vint jadis, lui fit l'effet d'un enfer avant la lettre (1).

L'élu de Léon XIII n'aura certes rien à craindre des gouvernements étrangers. Le temps est passé où les puissances préparaient l'élection du Pape par de lointaines menées diplomatiques.

Les cardinaux français arriveront au Conclave sans instructions, sans conseils. On leur proposera

______

(1) Le cardinal Monaco est aujourd'hui fort malade (juin 1893.)

un homme qui n'est pas un épouvantail, — les aigles seuls sont des épouvantails. Ils l'accepteront et s'inclineront volontiers sous une houlette qui ne risque pas de se changer en bâton.

Un seul point noir pourrait être signalé dans l'horizon pontifical de S. E. Monaco : jusqu'ici il avait d'autant plus de chance qu'on parlait moins de lui. Il a quitté l'ombre douce pour s'exposer au soleil chaud qui pourrait bien le fondre.

Il serait curieux que le testament de Léon XIII eut le sort du testament de Louis XIV. Il serait du reste possible que le Pape-diplomate eût dicté ses dernières volontés afin d'être sûr qu'on ne les exécutât jamais.

Le vieillard doit connaître les hommes.

LA POURPRE ROMAINE

I

LE CARDINAL PAROCCHI. — UN AMI DE LA FRANCE

Au milieu de la Curie romaine, parmi les vieillards fatigués, dans cette ordinaire assemblée d'intelligences qui s'éteignent sans avoir brillé, le cardinal Parocchi se détache étrange et séduisant, étrange comme une énigme, séduisant comme un beau lutteur.

L'illustre Gibbons, l'archevêque de Baltimore, qui doit savoir mesurer les grands esprits, si les pairs se jugent entre eux, Gibbons disait un jour:

— « Mgr Parocchi est le seul personnage que j'aie vu à Rome. Il fait de la politique avec piété et de la piété avec politique. »

L'homme dont on parle ainsi serait curieux à

peindre, même s'il n'était rien dans le présent, même s'il ne devait rien être dans l'avenir.

Lucido Parocchi est cardinal-vicaire, remplaçant le Pape prisonnier dans les fonctions d'évêque de Rome. Il était, en outre, président du Comité des fêtes jubilaires, et ses ennemis prétendaient que cette charge lui avait été donnée pour qu'il eût la responsabilité d'un échec certain. La combinaison, si combinaison il y a eu, a reçu du cardinal un fameux croc-en-jambes, car le Jubilé a été un triomphe.

L'homme dont l'habileté fixe l'attention de tous les spectateurs du théâtre ecclésiastique, cet homme habite *via della Scrofa*, un palais dont la large simplicité encadre très bien le personnage. A portrait austère, cadre austère.

On pourrait tailler trois hommes admirables dans ce prêtre court et gros, aimable et bienveillant, qui paraît simple, tant il est compliqué.

Le vicaire général du Pape est un noble évêque, doublé d'un diplomate expert, et complété d'un spirituel lettré.

Il collectionne les qualités, comme un autre cardinal célèbre collectionnait les bagues, et son habileté concilie des vertus irréconciliables qui, chez d'autres, tourneraient en défauts par leur enlacement, à moins qu'elles ne tournassent plus mal.

Voici d'abord l'évêque ; vous le trouverez tous les jours dans son palais de la rue della Scrofa, au milieu de la vieille Rome ; un escalier large, mais assez mal tenu, conduit à une antichambre où quatre chaises courent les unes après les autres. Deux grands salons montrent leur enfilade, éclairée par des lampes de faïence peinte. Les plus beaux ornements du plus beau des deux salons sont des vases chargés de fleurs artificielles placées sous un globe.

Dans ce décor défile chaque jour une foule de visiteurs. Il plaît au cardinal de recevoir tous ceux qui se présentent ; ceux qui viennent demander l'aumône d'une pièce de monnaie, ceux qui viennent implorer l'obole d'un conseil. Après chaque visite, l'évêque ouvre lui-même la porte de son bureau et accueille avec un sourire « le premier à passer », que ce premier soit un prélat superbe ou une mendiante loqueteuse. Aux heures où l'évêque ne reçoit pas, il fait des cours, des conférences, des sermons, donne des bénédictions et des confirmations. Il est partout, dans les basiliques et dans les chapelles, chez lui et au Vatican. Il appartient à toutes les Congrégations, travaille dans toutes, et le soir, rentre sans fatigue dans le modeste intérieur que dirige sa sœur, une sainte femme qui croit en un double Dieu : Celui du Ciel et celui qu'elle appelle son frère.

Il a cette simplicité et cette rondeur qui mettent à l'aise les plus modestes. Mais, dans son regard et dans l'arc de sa bouche, une incroyable et inquiétante ironie se devine.

Il y a quelque chose de très césarien dans ce large profil, dans cette masse de cheveux noirs, blanchis aux tempes, comme sont parfois rayées les épaisseurs de l'ébène.

Quand on regarde ce prélat, on est tenté de se demander ce qu'il aurait été s'il n'était pas devenu un saint homme. Il existe des prêtres excellents qui, s'il n'étaient pas prêtres, ramperaient sur le sol comme des lianes tombées. Celui-là, où qu'il eût été placé, se serait élancé haut, arbre superbe dans la forêt des hommes.

Il est de ceux qui sont faits pour commander aux autres et qui naissent chefs, là où les hasards de la vie les jettent.

Le cardinal-vicaire passe à Rome pour voisiner avec le génie.

Il a sur toutes les questions de doctrine ou de fait, des idées précises et personnelles. Son activité matérielle est étonnante. Il fait son métier d'évêque, et, par surcroît, prononce tous les dimanches un discours à l'église Saint-Étienne. Entre temps, il se tient au courant du mouvement intellectuel de la catholicité, lit tous les livres qui paraissent et trouve le temps de donner des audiences sans fin, que l'auditeur trouve toujours trop courtes.

Si l'évêque, en Mgr Parocchi, se repose parfois, le diplomate n'a pas le droit de dormir un instant. Les difficultés s'entassent autour de lui et il sait faire de cette accumulation une colonne où s'appuie son génie.

Les premières difficultés viennent du clergé romain, le plus terrible qui soit au monde. Dans une ville où chaque prêtre a un bout de prélature sur le dos et un paquet d'orgueil dans l'âme, chacun cherche à éviter l'autorité et à se réfugier dans une de ces charges de cour, dans un de ces canonicats, qui forment des diocèses dans le diocèse, pour échapper à la main du cardinal-vicaire.

Les difficultés du côté du Vatican ne sont pas rares non plus : le Pape voit sans enthousiasme l'influence de son vicaire grandir, monter et tout envelopper. Chaque jour, dans l'entourage du Saint-Père, quelque Pérugin en détresse trouve une humiliation nouvelle pour le cardinal. Des exemples seraient nombreux de ces vexations quotidiennes, piqûres à venin dont l'aiguille des petits esprits gratte le bronze des belles intelligences. Citer ces détails, c'est entrer dans la cuisine des sacristies, c'est conter l'histoire de ce prêtre romain qui, l'an dernier, avait été interdit par le cardinal pour quelque aventure de servante à l'âge trop peu canonique. Cet abbé fit appel au tribunal de l'Inquisition, qui profita d'une absence du cardinal pour acquitter le coupable ; le prêtre fut remis dans son emploi, le traitement lui fut rendu, une indemnité même lui fut payée.

S. E. Parocchi accepte ces incidents avec le calme des grandes convictions qui sont la base des puissantes résignations. C'est à peine si parfois il sort l'ironie, la meilleure des armes dans une milieu où l'on se bat à coups de nuances : au mois de janvier dernier, les journaux avaient annoncé le départ du cardinal-vicaire, comme ils le prédisent aujourd'hui. Pendant une réception où le Sacré-Collège entourait le Saint-Père, Léon XIII dit tout à coup à son Vicaire :

— Vous n'avez pas lu, monsieur le cardinal, les articles de journaux où l'on annonce votre démission.

L'entourage souriait déjà, comme l'on sourit à Rome, comme le vieil Houdon a fait sourire Voltaire. S. E. Parocchi tourna vers le Saint-Père ses petits yeux d'oiseau pris et effarouché, puis répondit :

— « J'ignore ce dont veut me parler Votre Sainteté. Je ne lis aucun journal ; les soins de mon diocèse ne m'en laissent pas le temps. »

Ces difficultés intérieures, ces querelles de ménages religieux sont de petites pluies à côté des tempêtes que soulève la question romaine. Si le cardinal-vicaire n'était pas le plus souple des intransigeants, il aurait été pris cent fois entre cette enclume et ce marteau qui sont le Quirinal et le Vatican.

Ici les ennemis de l'Éminence ont beau jeu. Ils prononcent les grands mots de duplicité, oubliant que le coupable est celui qui trahit, non pas celui qui temporise. Or, voici un fait entre mille pour prouver comment agit l'évêque de Rome. Le jour de sa nomination, il reçut le comte Campallo, alors chef des conciliateurs catholiques. L'entrevue fut longue. Le lendemain, le duc Salviati, qui dirigeait les intransigeants, ne fut pas beaucoup plus bref dans une visite secrète.

Peu après, les deux rivaux se rencontrèrent.

— J'ai vu le cardinal-vicaire, dit le duc.

— Moi aussi, répondit le comte.

— Il est tout avec nous.

— Il m'a fait les promesses les plus positives.

— Vous vous trompez : il nous a donné des gages.

Les deux interlocuteurs disaient vrai. Le cardinal avait su les bercer l'un et l'autre. Depuis dix ans, il joue ce jeu savant ; il ne ment pas d'ailleurs : il dit toujours la vérité, mais la vérité bien arrangée, bien habillée, la vérité ombrée et voilée. Ses opinions et ses paroles s'accordent d'ordinaire, mais savamment, comme les cordes d'une lyre.

Au milieu de ses calculs les plus compliqués, dans le dédale de sa politique algébrique, le cardinal n'a pas perdu la franchise. C'est un obus qu'il sait tirer. Dans la conversation, il blâme ce qui lui semble blâmable avec la hardiesse d'un vaillant lutteur, avec la plaisanterie d'un homme d'esprit, qui n'est jamais pédant.

Et toujours le cardinal reste un lettré de belle école. Ce politicien, qui va de pair avec les plus forts, a toutes les délicatesses d'esprit qu'aurait un poète désœuvré. A la cime de ses phrases brille cet éclair que, nous, Français, nous appelons le Mot et que nous aimons par dessus tout.

Le cardinal a beaucoup écrit, et si ses livres ne sont pas toujours des œuvres organisées, ils sont comme des chantiers où cet homme d'action a posé ses idées.

Derrière le théologien, l'historien et le polémiste se trouve toujours l'ami des belles phrases, l'expert ès toutes littératures. Aussi, dans un dîner d'évêques français, à Rome, Mgr Parocchi brilla-t-il par sa connaissance de nos auteurs. Il y eut de nos prélats qui prirent en cette occasion une bonne leçon d'histoire littéraire française.

S. E. Parocchi parle volontiers des choses de France; il en parle avec sympathie et s'il monte jamais sur le trône de Pierre, cette heure consolera les catholiques français de beaucoup d'heures cruelles. On a voulu faire passer le prélat pour le candidat de la Triple-Alliance, on s'est trompé : la vérité est que l'empereur d'Autriche a pour Mgr Parocchi une admirative sympathie. Lorsqu'il s'agit des choses d'Église, François-Joseph se retrouve et son opinion reste celle de l'empereur très chrétien, non pas de l'occasionnel allié des protestants Hohenzollern.

S'il est question de la France, tout l'être du cardinal semble s'éclairer d'un feu secret, d'un feu qui brûlerait dans la moelle de ses os :

— « Il n'y a pas de pays, disait-il à un visiteur, qu'il faille plus aimer et où il faille apporter les intentions les plus pures. Ce que doit vouloir la Papauté pour la France, c'est la plus haute dose de liberté, dans la plus large enceinte de sagesse. L'Église ne doit être à personne en particulier, mais elle doit appartenir à tous en général.

« Elle peut faire le plus grand bien en France, si elle comprend et fait comprendre que, non seulement elle ne désire pas renverser les institutions établies, mais encore qu'elle doit souhaiter le maintien des hommes au pouvoir, pourvu que ces hommes laissent à l'Église la liberté de régner sur les âmes.

« L'Église de France a fait une grande perte

13

dans le cardinal Lavigerie ; je crois que sur le continent africain, ce Français avait semé beaucoup pour son pays. D'autres avaient conquis, lui avait séduit, et dans cette mission, la Papauté l'avait grandement aidé. Ce n'est pas sans obstacles que l'éminent défunt avait été créé Primat d'Afrique. L'archevêque de Gênes, celui de Pise, un autre encore en Sardaigne, prétendaient à cette Primatie. La Papauté a compris qu'il ne s'agissait d'ailleurs que de titres et elle a fait une réalité au profit de la France.

« En Afrique, le cardinal Lavigerie avait fait œuvre d'ensemble et d'harmonie ; il aurait peut-être fallu qu'il portât dans la politique générale les mêmes admirables qualités. Le fameux toast avait trop surpris dans un pays où surprendre n'est pas prendre.

« Quoi qu'il en soit, la France a perdu un grand patriote, un homme qui me faisait penser au mot de Dante : « Il ressemblait au lion qui se met au repos. »

Nul ne sait, d'ailleurs, ce que l'avenir réserve à l'éminent Parocchi. En parlant de lui on peut seulement répéter ce que l'on disait de la Sainte-Ampoule : chaque fois que l'on croyait avoir épuisé la fiole sacrée, on la penchait et des gouttes précieuses tombaient encore, tombaient toujours. Le cardinal Parocchi est un homme à surprises. Sous le règne d'un Pape, qui prend la succession de feu M. Baudrillart et fait aux Français des cours d'économie politique, le vicaire de Rome se réfugie dans la présidence de poétiques concours en l'honneur du Tasse.

II

LE CARDINAL BONAPARTE

Beaucoup ignorent qu'il existe dans une cellule austère une Éminence Lucien Bonaparte.

En plein jubilé de Léon XIII, les amis du paradoxe le faisaient *papabile* en jetant son nom au milieu des combinaisons.

Si un homme a tout fait pour être oublié, et pour rester en dehors de la politique, c'est celui-là. Dans sa jeunesse, il avait rêvé les dévouements des Vincent de Paul et des François-Xavier. Il allait partir pour les régions où se font encore les martyrs, quand l'empereur Napoléon III demanda à Pie IX de draper dans la pourpre l'archevêque de Paris nouvellement élu. Pie IX se trouva dans un cruel embarras, pour des raisons multiples, il ne pouvait appeler dans le Sacré-Collège le protégé de l'empereur. Au lieu de faire une réponse difficile, il envoya le chapeau à Lucien Bonaparte, cousin de Sa Majesté. Lucien Bonaparte vit son immense charité enfermée pour toujours dans Rome.

Cela se passait en 1868, le cardinal n'avait pas quarante ans. Il en a aujourd'hui soixante-cinq et depuis ce long temps, la nature de ce prêtre étouffe dans l'air épais de la vie, comme si elle était organisée pour ne respirer que l'air du ciel.

Par une ironie étrange du Dieu créateur, ce prêtre timide et simple, ce prêtre, dont l'âme tremble devant l'autel comme une herbe devant le soleil, ce prêtre ressemble physiquement à Napoléon, et à Napoléon dans l'apothéose de sa beauté.

Le visage d'un ovale allongé, comme celui de l'Empereur, a la couleur d'un ivoire longtemps enfermé dans une sacristie. Au milieu de cette pâleur sépulcrale brûlent deux yeux noirs et profonds, éblouissants sous les sourcils comme deux brasiers sous deux voûtes. Les mains fines et longues, veinées de bleu, semblent avoir été faites pour offrir l'hostie aux lèvres des reines.

Et de fait, le cardinal Bonaparte n'a jamais été impérialiste. Depuis que la monarchie est enfermée dans le tombeau de Froshdorff, il n'a plus d'opinion politique française. En Italie, il a l'intransigeance superbe de Pie IX et jamais il ne serait l'homme des transactions savantes.

Dans une chambre étroite et plus que simple du palais Gabrielli, ou tout est gravement triste comme la pénitence, un crucifix énorme accable sans cesse l'âme pieuse du cardinal et éblouit son imagination religieuse.

D'ordinaire, le cardinal parle très peu, et à Rome, où parler beaucoup c'est avoir beaucoup d'esprit, cet amour du silence lui a fait une réputation d'intelligence étroite. Cependant, lorsque le devoir lui impose de parler ou d'écrire, il le fait avec l'éloquence animée qui appartient aux saints.

Il écrivit à Napoléon III exilé des lettres admirables sur le renoncement aux choses de ce monde et le prince vaincu lui répondit un jour :

— « Mon cousin, vous êtes trop grand pour moi. »

Les médisants de Rome prétendent que le cardinal Bonaparte ne va pas au Vatican afin de consacrer le temps qu'il y pourrait perdre, à prier pour la conversion du Pape actuel. La vérité est que le cardinal a trop aimé la politique d'âme de Pie IX pour admirer la politique de raison de Léon XIII.

L'ange auquel on l'a toujours comparé s'enfonce de plus en plus dans son inaccessible retraite. Sa perfection même qui l'a laissé seule dans le Sacré-Collège fait aujourd'hui que les yeux des politiques se tournent vers lui.

Il y aurait en effet une beauté grande et vraiment religieuse dans le contraste du pontife qu'est Léon XIII et du pape qu'aurait pu être le cardinal

Bonaparte. L'Église seule peut se permettre, sans déranger son éternelle harmonie, de telles oppositions : un homme, plus fait pour le service de Dieu que pour celui des hommes, succédant à un autre prêtre pour qui la politique est la science sacrée. Mais cela n'est qu'un rêve de soir. Le cardinal Bonaparte n'est presque plus de la terre et sera bientôt du Ciel tout à fait.

III

LE CARDINAL DE HOHENLOHE

S. E. de Hohenlohe est sans doute très honorée d'être vêtue de pourpre, mais elle est plus fière de porter la couronne fermée que le chapeau rouge et or.

Pour faire comprendre ce sentiment à ses collègues, voire même au Pape, le cardinal a d'immenses cartes de visites qu'il dépose ou fait poser un peu partout jusqu'au Vatican inclusivement.

Ces cartes portent :

Prince de Hohenlohe-Waldenbourg-Schillingsfürst, sans plus.

Pour punir ce grand seigneur de son héraldique vanité, on a imaginé de lui faire une réputation de sottise et de timidité. Or, le prince de Hohenlohe est un homme infiniment spirituel qui connaît la peur et l'orgueil, mais point la timidité. Pie IX, qui aimait les grands seigneurs, avait une singulière affection pour ce jeune prélat qui, à trente ans, était archevêque d'Edesse, et à quarante-trois ans, cardinal. Le prince de l'Église craignait alors si fort les jésuites qu'il ne vivait que d'œufs frais cuits à la coque.

Aujourd'hui, l'homme a vieilli : le front est ceint de rides, chevrons des déceptions qu'il porte haut pour que mieux on les voie, seule tiare qui accompagne sa calvitie blanche.

Récemment encore, il était évêque d'Albano, mais il a donné sa démission depuis cinq ans : le cas est peut-être unique dans les annales du Sacré-Collège. Léon XIII a depuis lors statué par une bulle que les cardinaux-évêques qui renonceraient à leur siège renonceraient par cela même aux honneurs du Sénat ecclésiastique.

Les causes secrètes de la démission du cardinal sont assez curieuses : aux archives du Vatican, il y avait une lettre du prince de Bismarck, lettre adressée à Léon XIII. Le cardinal de Hohenlohe emprunta cette épître et ne la rendit point. Léon XIII, à son tour, la demanda ; le prélat, chargé des archives, balbutia, chercha, et finit par avouer qu'elle n'était plus entre ses mains. Léon XIII manda Son Éminence. Il y eut, dit-on, une scène violente. Comme cardinal, l'évêque d'Albano fut très respectueux et très poli ; comme prince de Hohenlohe, il se souvint que Léon XIII

n'est qu'un gentilhomme nouveau et il fut de la
dernière impertinence, déclara qu'il ne rendrait
pas la lettre, ne la rendit pas et donna sa démission d'évêque. Après ce bel exploit, il se réfugia en
Prusse et s'agita pour obtenir l'archevêché de Co-
logne : Léon XIII refusa cette faveur au prince de
Bismarck et le cardinal de Hohenlohe dut rentrer
à Rome simple cardinal comme devant.

Depuis lors, il fut mécontent et déversa son mé-
contentement en médisances sur ses collègues ;
quelquefois même il oublia les sentiments dus
au Pape.

Il passe en général son temps entre sa belle villa
d'Este et son magnifique palais de Sainte-Marie-
Majeure. Il est oublieux de ses affaires, mais répand
des aumônes dignes d'un roi ; il se querelle avec
ses gens et se venge du genre humain à coups de
médisances bien aiguisées.

Lorsqu'on lui parle de ses relations avec le Pape,
il répond en souriant :

— « Que voulez-vous ? Je vis avec Léon XIII en
harmonie un peu discordante ; mais comment
s'entendre avec un homme qui manque d'ancêtres ? »

Le cercle des intimes du cardinal de Hohenlohe
se resserre tous les jours, depuis qu'il a perdu
son ami Liszt qui avait été d'abord son plus mortel
ennemi.

L'histoire de cette inimitié suivie d'amitié est amusante. Il y a longtemps de cela, la princesse de S..., alliée de Mgr de Hohenlohe, devait épouser le célèbre Liszt ; elle demandait, pour ce faire, l'annulation de son premier mariage ; le cardinal de Hohenlohe indigné, s'en allait à travers les couloirs du Vatican, pleurant et gémissant, accusant tout le monde, les jésuites surtout, du déshonneur de sa maison.

Cependant, la nullité du mariage fut prononcée et le prince de S... mourut peu de jours après. On regardait l'union de Liszt comme un fait accompli, quand tout à coup le musicien disparut, escamoté comme une muscade. Il revint, mais en soutane : il avait pris les Ordres mineurs et renoncé au mariage. A partir de ce moment, il fut l'ami, le protégé, l'inséparable du cardinal ; il devint aussi l'intime de la princesse et une liaison, qui fut un scandale de vingt ans, s'établit entre les deux fiancés de la veille.

Quand Liszt s'en allait dîner chez la princesse, celle-ci le faisait accompagner par ses domestiques, portant des falots ; elle faisait jeter des feuilles de roses sur le chemin que suivait le maître-pianiste.

Le cardinal de Hohenlohe voyait tout, approuvait tout : l'honneur était sauvé, il avait éloigné une mésalliance de sa maison.

Il avait empêché celle-là, mais il ne les a pas évitées toutes. Lorsqu'on lui parle de sa famille, il dit volontiers :

— « J'ai trois sœurs : la première a épousé le prince de Waldenbourg, la deuxième, le prince de Salm et la troisième... attendez donc... un monsieur quelconque.

Il s'agit encore d'une mésalliance, cette bête noire du prince de Hohenlohe.

L'ancien évêque d'Albano se croyait appelé à un rôle politique, lorsque l'empereur se réconcilia avec ses sujets catholiques après s'être réconcilié avec le Pape. Mais le prince de Bismarck trouva sans doute que le cardinal de Hohenlohe manquait d'esprit diplomatique et il choisit d'autres intermédiaires.

Depuis cette déception, le cardinal de Hohenlohe recevait fort peu de monde. Lorsqu'on se présentait chez lui, son secrétaire répondait :

— « Son Éminence prend un bain sulfureux. »

Si on revenait trois heures plus tard, même réponse. Étonnement du visiteur... ; le secrétaire ajoutait alors avec beaucoup de calme :

— « Eh bien ! si Son Éminence ne prend plus le bain, elle se repose du bain. »

Il faut ajouter que si, par hasard, le cardinal reçoit, il le fait avec une grâce et une amabilité infinie.

On sort de son palais, charmé de l'esprit du maître et souriant encore de ses bons mots, ou plutôt de ses méchants mots. Le prince est séduisant comme un vieux portrait, mais l'homme politique est usé depuis longtemps, sans avoir jamais servi. Ainsi sont parfois les carrosses de cour les mieux dorés.

IV

LA GRANDE FOURNÉE

Les catholiques romains sont aujourd'hui ce
qu'ils étaient au temps où saint Bernard les pei-
gnait d'une main tremblante de colère.

Quoi que fasse leur Pape, ils restent « mécontents et frondeurs. »

Lorsque Léon XIII laissait le Sacré-Collège s'é-
brécher peu à peu comme une vieille faïence,
quand le Pape ne songeait pas à remplacer par des
morceaux de pourpre neufs les lambeaux de
pourpre tombés dans le cercueil, alors les Romains
se plaignaient.

Ils accusaient l'égoïsme de Léon XIII. Ils prétendaient que le Pape, vieillissant, se refusait à
choisir les futurs électeurs de son héritier à la
tiare.

Maintenant, Léon XIII a ramassé dans l'Église
tous ceux qui pouvaient recevoir sans scandale

le chapeau aux glands de soie. Il a, en une seule fois, fermé tous les trous faits dans son Sénat par la mort.

Les Romains lui reprochent d'avoir modifié la tradition, d'avoir diminué la splendeur du rouge en la mettant sur tant d'épaules à la fois. Et les cardinaux sortis des derniers consistoires ont été réunis sous un titre qui, pour n'être pas ecclésiastique, n'en reste pas moins impertinent. On les appelle les cardinaux de la grande fournée.

Il est certain que jamais promotion ne fut plus mêlée.

Galimberti et Mocenni restent les plus intéressantes, sinon les plus séduisantes figures de la promotion dernière, parce que l'un ou l'autre, peut-être l'un et l'autre, tendrement réconciliés, sont appelés à gouverner l'Église sous Léon XIII vieilli.

Le cardinal Mocenni est l'ennemi juré de l'exnonce viennois, mais il serait digne d'être son frère par la pureté du cœur et la grandeur de la vie.

Dieu semble avoir emprunté au diable le même moule pour y couler ces deux hommes d'église.

L'un et l'autre sont ciselés à coups de hache. Ils sont gros, grands. Leur teint blafard semble avoir recueilli des reflets de plomb à travers les chemins souterrains qu'ils ont traversés. Des cheveux noirs et des yeux de jais complètent une heureuse ressemblance.

Galimberti pourrait avoir longtemps trempé dans de la pommade sa personne doucereuse, tandis que Mocenni serait resté pendant de longs jours dans un vinaigre, dont il aurait gardé l'acidité, mêlée à une vague odeur de pipe.

Ainsi fait, le cardinal Mocenni était substitut à la secrétairerie d'État. Il avait été mis par un maître amoureux des contrastes à côté du faible et naïf cardinal Rampolla. Il essayait en même temps, sans titre ni mandat, de se mêler à la Propagande, et son plus grand désir était de propager au loin la haine de la France.

Un prélat très pieux et très austère, qui parlait à un disciple de ces deux hommes en particulier, et du règne des politiciens en général, ajoutait ceci dans une lettre admirable :

— « Ces hommes gouvernent l'Église comme des entrepreneurs gouvernent une mine en l'exploitant. Ils jouent avec les sacrifices et les vertus des prêtres comme d'autres jouent avec la vie des ouvriers. C'est pour eux que l'on se fait tuer.

« Il ne faut pas s'en étonner ni croire que cet état de choses soit une innovation moderne, saint Vincent de Paul servait d'appoint aux combinaisons d'un cardinal de Retz.

« Les martyrs de l'Afrique et de l'Océanie re-

hausseront le prestige des Mocenni et des Galimberti et leurs permettront de parler au monde avec
autorité. »

Le prélat qui écrivait ainsi n'est pas un jaloux,
encore moins un mécontent. Il a fait, sous Pie IX,
un voyage à Rome pour refuser les honneurs dont
on voulait le charger.

Si, parmi les quatorze cardinaux créés par
Léon XIII, le nom de Galimberti éclate et brille au
milieu du sombre inconnu où dorment les autres
élus, le feu de ce nom est enveloppé de nuages
comme un éclair de foudre tombée; nul ne sait
d'où il vient, nul ne sait où il va.

Dans les Consistoires où sont créés les sénateurs
du Sacré-Collège, le pape a conservé pour la forme
seulement une antique question : *Quid vobis videtur?* Que vous en semble? demande-t-il aux cardinaux qui, rangés en cercle, forment la couronne
rouge de sa blanche personne. Jadis les papes atten-
daient la réponse; depuis des siècles ils ne l'attendent plus.

L'histoire conserve pourtant un trait de courage
accompli il y a plus de cent ans. Sous la pression
de la cour de France, Innocent XIII devait jeter la
pourpre sur les épaules étonnées de l'abbé Dubois,
successeur de Fénelon au siège de Cambrai.

Dubois était premier ministre, ancien précep-
teur du Régent. La raison d'État l'imposait au

choix pontifical. A la question classique, au *Quid vobis videtur?* d'Innocent XIII, un vieux cardinal, brisé par l'âge et les travaux, rompit l'habituel silence et fit cette courte réponse : *Magnum scandalum*. (Ce sera un grand scandale.)

Ce fut le cri sorti de toutes les bouches pieuses, quand on apprit la promotion de Mgr Galimberti.

Le nouveau cardinal ressemble par le profil au cardinal Dubois; et la scène du Consistoire s'est presque renouvelée.

Aucune Éminence ne s'est levée en face du Pape aussi blanc que sa blanche robe; aucune n'a répondu à la question qui doit rester sans réponse; mais en audience privée, un cardinal que la Rome catholique appelle « le moine sous la pourpre » est allé se jeter aux pieds du Pape et lui a dit, les mains croisées sur son cœur enflammé de piété :

« Si Votre Sainteté appelle au Sacré-Collège Mgr Galimberti, je demanderai à votre puissance paternelle d'enlever à mes épaules des honneurs qui me sont trop lourds, et je me retirerai dans un couvent. » On dit le vieillard prêt à tenir sa parole.

En France, où l'on oublie tout, on ne se souvient plus guère de ce que fut le cardinal Galimberti. Cependant, pour les Français catholiques, cette élection est un double malheur; car ce prêtre, qui s'est repris au Dieu de l'autel et s'est donné à tous les diables de la politique, entretient dans son âme une haine contre la France plus forte que celle contre l'Église, son tremplin.

A Rome, où les incidents plus rares laissent des ornières plus profondes, le nouveau prince de l'Église vit dans les souvenirs. Il y est si bien connu que je ne sais pas un catholique sincère capable de le défendre. Car cet homme est l'expression la plus violemment putride de cette peste de bassesse vénéneuse dont les sectaires ont empoisonné l'Italie.

Ce masque d'empereur romain en pleine décadence, ces lèvres rouges, épaisses et pendantes, ces narines qui frémissent, ces joues molles et pâles marbrées de vert, ces traits qui auraient la banalité de la laideur s'ils n'étaient illuminés par deux yeux noirs comme des charbons et brillants comme les feux de l'enfer, tout cela est bien connu des catholiques italiens.

Il parle, et quand sa voix lente et sourde égrène les arguments, l'œil de l'auditeur essaye de lire dans l'œil du prélat. Mais le regard a cette acuité qui pénètre sans se laisser pénétrer et qui donne un irrésistible ascendant sur les femmes, et parfois aussi sur ces autres femmes, qu'on appelle les hommes.

Pourtant Mgr Galimberti n'a pas l'organisation que Tacite, dont le mépris a tout simplifié, appelle l'organisation des hommes faits pour commander. Non, cet homme paraît fait pour désobéir et pour pervertir.

Et pourtant les débuts de l'abbé furent modestes; ils se passaient sous Pie IX, avec lequel il fallait marcher lestement et la bouche cousue.

A cette époque, Galimberti apprenait l'art de l'ingratitude extrême dans la famille Brabiski, où il avait été comblé de bienfaits.

Chassé de Bologne, il s'en vint à Rome et, fier comme un paon sur un toit, s'installa dans le salon de la marquise Spada.

Le fils de la maison, un beau jeune homme de vingt ans, était fiancé à une enfant ignorante. L'enfant devint folle après une histoire que Barbey d'Aurevilly seul aurait pu conter : et le jeune homme se suicida, poussé par les conseils du grand aumônier de sa mère; il y a des hommes qui tuent avec des conseils comme d'autres tuent avec le poison.

Cette réputation endommagée, des accidents plus graves qui s'étaient dénoués devant les tribunaux, tout cela et aussi la protection du douteux cardinal Franchi hissa Galimberti dans une chaire d'histoire, au collège de l'Apollinaire. Cette chaire était trop étroite pour la vaste intelligence et la courte érudition du jeune professeur. Il se glissa dans l'intimité de Léon XIII et joua près du Pontife nouveau le rôle de conseiller intime.

Alors, une idée géniale — l'idée de sa vie — germa dans le cerveau du parvenu. Le premier, il se servit au Vatican de cette force qui est la Presse. Mais il détraqua la machine et la déforma avant de la présenter.

Surveillant officiel dans le *Journal de Rome*, il fut proprement mis dehors et s'en alla fonder le *Moniteur*, journal d'un plan nouveau, qui avait pour seul programme de mettre tous les jours sous les yeux du Pontife des flatteries imprimées.

Les besoins du prélat avaient grandi avec sa situation. Il s'adressa à la France pour avoir des subsides. Sa voix ne fut pas entendue; il voua dès lors à notre pays des sentiments sans tendresse et une reconnaissance de quêteur éconduit. L'avènement du cardinal Rampolla, vénérable et visqueux apôtre, fut la fin provisoire du règne de Galimberti. Les relations entre ces deux hommes étaient tissées de pitié d'un côté, de jalousie de l'autre.

C'est à la première période de sa vie que remonte la haine de Mgr Galimberti pour le cardinal Parocchi, alors archevêque de Bologne. L'abbé-journaliste s'en fut un jour, dans cette ville, dîner au palais Malvezzi. A la table de cette demeure où la piété atteint les hauteurs de la sainteté, il parla comme on aurait parlé dans une taverne allemande.

Les maîtres de la maison, gens puissants, se plaignirent au Pape de l'hôte singulier qu'un vent d'enfer leur avait porté. L'archevêque fut chargé de rédiger un rapport. L'enquête fut si défavorable que la barque du professeur d'histoire faillit en sombrer.

La raison qui lui fit quitter Rome ne fut pourtant pas son opprobre : il avait le front assez dur pour le porter. Ébloui par l'Allemagne, il alla se chauffer au soleil de Berlin et entreprendre une campagne de germanisation ecclésiastique.

A la cour du roi de Prusse, où l'appelait une courte mission, il trouva un prétexte de séjour. Il se lia avec une princesse que la religion catholique attirait par droit d'austérité et de pureté. Monseigneur se mit à travailler publiquement à la conversion de l'impératrice Augusta, et secrètement à des besognes moins pieuses de haute et basse police.

Une seule femme, à Berlin, pesa Mgr Galimberti dans une juste balance, ce fut la princesse Victoria, aujourd'hui impératrice douairière, qui, après deux entrevues, s'écria :

— Je connais deux prélats catholiques : le cardinal Manning et Mgr Galimberti. Le premier est un saint, le second est un laquais.

Pour prix des services rendus à l'Allemagne dans l'écrasement du glorieux parti catholique, le prélat méritait une nonciature. Paris faillit, en expiation de nos péchés, avoir cet extraordinaire envoyé. Le cardinal Lavigerie nous en sauva, et le personnage fut expédié à Vienne. Là un homme le connut. Sans hésitation, l'archiduc Rodolphe écrivit à un des plus grands évêques de l'Empire ce billet :

« Vous me demandez ce qu'est le nonce et cômment il faut le voir. Si vous voulez le traiter comme le mérite son avenir, donnéz-lui les honneurs dus aux plus grands personnages, si vous voulez le recevoir selon son passé, mettez-le dehors par les épaules. »

Mᵍʳ Galimberti n'ignorait pas le mépris qu'avait pour lui l'héritier du trône et il voulut s'en venger après le drame de Meyerling, en fermant les portes de l'Église devant le corps du prince assassiné.

La diplomatie de Mᵍʳ Galimberti a été telle en Autriche que le haut clergé, — le premier du monde peut-être, — se reculait de lui : on le laissait dans une solitude pire que celle du lépreux, au moyen âge, quand tout, même la maladrerie, lui manquait.

Ce n'est pas une maladrerie que cherchait cet isolé, c'était le Sacré-Collège. En attendant, comme une auge placée sous un toit, il recevait la pluie d'injures qu'on ne lui épargnait pas.

Tout lui était indifférent, parce qu'il savait qu'il reviendrait là où il n'aurait jamais dû reparaître : à Rome.

Instrument de la Triple-Alliance à laquelle il est attaché par les appointements et les bénéfices touchés, il est à Rome l'homme de la conciliation à outrance entre le Quirinal et le Vatican. Nonce d'un Pape prisonnier, il a eu pour mission dans la capitale de l'Autriche de préparer la visite de François-Joseph chez le roi d'Italie, cette visite que le grand prieur vaincu refuse de faire depuis dix ans. Galimberti comptait sur l'influence de l'empereur chrétien pour décider Léon XIII à sauter le fossé qui transformerait aux yeux du monde le pontife suprême en un évêque italien.

La raison d'État explique peut-être la grand-croix de la Légion d'honneur dont il est orné, comme Cornélius Herz, et la pourpre dont il est revêtu aujourd'hui ; mais les mauvais prophètes racontent à Rome qu'avant six mois il aura remplacé le cardinal Rampolla, qu'il sera secrétaire d'État et premier ministre du Pape.

On verrait alors le Vatican envahi par les jeunes secrétaires aux figures émaciées qui, à Vienne et ailleurs, formaient le pieux cortège de Mgr Galimberti converti.

Les esprits prudents espèrent au contraire que
la sagesse de Léon XIII évitera ces malheurs et
que la pourpre sera pour le nonce à la retraite un
linceul, comme elle le fut pour un autre agité, feu
le cardinal Czacki.

Il y a pourtant des prêtres, même dans la promotion dernière, qui sont de bons et simples prêtres, mais l'esprit saint qui plane dans leurs âmes
y plane si bien qu'on n'entend même pas le trem-
blement de ses ailes.

Ce serait une admirable carrière que celle de
Mgr Persico, missionnaire capucin, si le vieillard
avait seulement erré dans toutes les parties du
monde pour y porter la croix.

Mais le diable et le pape ont failli le compromettre en l'envoyant accomplir une mission en
Irlande. Il revint disgrâcié pour n'avoir pas réussi;
cette disgrâce le lave de son incursion involontaire
dans la politique.

Purs aussi de toute intrigue, l'anglais Vaughan
et l'irlandais Logue. Le premier est de prestance
superbe, il a l'air d'un lord anglais de l'autre siècle
et porte l'habit à la française avec le charme d'un
Brummel et l'esprit d'un d'Orsay.

Mgr Logue, humble, timide, cache une figure
grosse comme le poing dans un col qui ressemble
à un cornet. Tous deux ont pourtant des vertus
communes, de ces vertus faites pour le service de

Dieu et non pour celui des hommes, car au service du monde, elles brisent souvent celui qui les a.

Telles sont les têtes de pavots les plus hautes du champ qui a fleuri sous la main de Léon XIII.

Les autres n'ont pas encore d'histoire. Il leur a fallu une grande modestie pour ne pas éveiller les jalousies et échapper aux coups de faulx tendues autour d'eux par les Pharisiens en soutane, diplomates au Vatican.

LES FINANCES DU VATICAN

I

GROS ET PETITS SOUS

Au temps de Pie IX, au bon temps, disent les prélats dont la tabatière d'or et la ceinture violette se sont chauffées au soleil de l'autre règne, au temps de Pie IX, l'administration des finances se faisait en famille.

Tout l'argent qui venait entre les mains du Pontife coulait dans celles de cardinal Antonelli. Le ministre inscrivait sur un petit cahier ce qu'il voulait bien inscrire et gravait le reste sur le tombeau de sa mémoire. Les œuvres croissaient et se multipliaient et l'argent venu de toute la chrétienté ne passait par le Vatican que pour retomber de plus haut sur le monde entier.

Ce primitif système ne plut pas à Léon XIII. Sa

charité, qui est immense, quoi qu'on en ait dit, se balança sur l'escarpolette du doit et de l'avoir, et une organisation très compliquée, triomphe de la bureaucratie, succéda au régime paternel.

Cette machine savante et compliquée a eu l'avantage de prouver au Pape, après dix ans d'essais, qu'il est volé comme dans un palais de Bondy.

Le Saint-Père avait cherché et trouvé un caissier riche, Romain de bonne maison et financier de haute école.

C'était Mgr Folchi.

Le bureau du prélat en un coin écarté du Vatican tenait un juste milieu entre la maison de coulisse et la cellule ecclésiastique. Derrière un bureau portant les cotes de Bourse du monde entier, Mgr Folchi passait sa vie à étudier des combinaisons. Des paupières trop lourdes cachaient des yeux très malins et disaient les joies du gain ou les abattements de la perte. La hausse et la baisse faisaient le *Credo* du prélat. Sans secrétaire, sans aide, il chiffrait tout le long de la nuit, il télégraphiait tout le long du jour.

Pendant les années joyeuses où les bénéfices s'ajoutèrent aux bénéfices, le Pape se réserva de ne pas désapprouver une gestion qu'il ne haïssait pas. Mais les déboires arrivèrent : Pie IX avait laissé un capital de vingt millions en fonds d'État, très calmes et très sûrs.

Le denier de Saint-Pierre donne par an plus de deux millions et demi ; enfin la vanité humaine paie au budget de la charité près de quinze cent mille francs tous les douze mois.

Les titres nobiliaires, les décorations, les privilèges d'autels, les titres ecclésiastiques, forment une rente légitime, puisqu'elle passe de la bourse trop pleine du riche dans la poche usée du pauvre.

Le revenu du Vatican n'est donc pas inférieur à sept millions.

Avec cette somme, le pape doit payer le personnel assez nombreux de sa cour et secourir les misères du monde entier. Pour augmenter les ressources, les rentes étrangères furent remplacées par des rentes italiennes sur lesquelles on joua un peu, beaucoup, follement. Les grands seigneurs de Rome qui se lancèrent dans les affaires — et ils s'y lancèrent presque tous — furent largement commandités.

Le Pape s'intéressa pour plus d'un million à des fabriques de sucre qui tournèrent en mélasse. Les revenus diminuèrent, le capital fut entamé, et le Pape, effrayé, voulut entourer Mgr Folchi d'une commission de cardinaux, conseil judiciaire déguisé. La responsabilité du prélat-trésorier se trouva diminuée, mais son influence ne fut pas atteinte : il fallait bien arrêter sur le chemin de la ruine les princes italiens que l'on avait voulu mener à la fortune par les chemins de la spéculation.

Les cardinaux chargés d'un contrôle platonique s'effrayèrent lorsqu'ils virent le déficit et son fameux gouffre se creuser devant les robes rouges comme devant les redingotes noires des gouvernements les plus laïques. On a dit que vingt millions avaient disparu en trois ans; cela fait le chiffre exact, et c'est assez pour que M\ Folchi ait dû entrer dans le passionnel chemin des aveux.

Léon XIII, âme bienveillante, pardonne volontiers les fautes dont il n'a pas souffert, mais en face de l'irréparable, sa colère est sans bornes et M\ Folchi en ressentit les effets. Un beau matin, sans aucune forme de procès, on ferma à lui et à ses employés, la porte des bureaux pour faire un inventaire : de vulgaires experts découvrirent que les gros livres de M\ Folchi étaient moins en règle que feu le petit cahier de feu Antonelli.

L'aventure fit du bruit; M\ Folchi fut très attaqué par la presse italienne, très mollement défendu par la presse catholique.

Un journal officieux déclara simplement qu'il ne s'agissait pas de *pertes* mais de *diminution de capital*. M\ Folchi eut alors une longue audience qu'il aurait bien volontiers cédée. Les couloirs du Vatican retentirent des éclats de la colère ponti ficale : la voix de Léon XIII s'anima comme aux grands jours, et le Pape, dont le sourire ressemble à celui de Voltaire, eut une de ces colères que connaissait M. Arouet.

Dès lors, celui qui était tout en matière de finances, ne fut plus rien. Il ne fut même pas remplacé : la commission des cardinaux cessa d'être décorative pour entrer dans l'action. Elle dut être présidée par le Saint-Père lui-même et l'on put espérer cette fois que, si le mal n'était pas réparé, il n'y aurait plus de victime expiatoire. Bien que Mᵍʳ Folchi ne fut pas un lion, les prélats de cour s'exercèrent à lui donner ces coups de pieds qui font mourir deux fois les lions mourants.

On l'accusa des méfaits qu'il avait commis et des imprudences qu'il avait vu commettre ; c'est beaucoup pour un seul homme.

Brusquement relevé de ses fonctions, puis régulièrement révoqué, il perdit ses titres et dignités sans être encore interdit *a divinis*.

Il essaya cependant de se justifier dans un long mémoire, où pour couvrir le prélat il découvrait le pontife.

Il faut, en l'honneur de l'impartialité, en citer quelques fragments.

« J'ai un nom qui ne m'appartient pas à moi seul : je l'ai reçu intact en héritage de mon père, de celui que l'on appelait le plus honnête homme de Rome. Je dois, à moins d'avoir forfait, combattre jusqu'à la mort pour laisser ce même nom sans tâche à mes neveux.

« Ma défense est difficile, je l'avoue, non pas que j'aie la moindre faute ou la moindre négligence à me reprocher. Mais il faut, pour que l'on comprenne les difficultés de ma plaidoirie, il faut se souvenir de la manière dont j'ai été expulsé... J'ai trouvé un jour, sans avis préalable, mon bureau fermé. Je n'ai jamais pu y pénétrer depuis lors, ou plutôt, quand on m'en a ouvert les portes, tous les papiers en étaient enlevés, même les objets qui m'étaient propres, même un portrait de Pie IX qui m'avait été donné. Sans pièces à l'appui, je ne peux citer de chiffres : les émotions que j'ai traversées m'ont troublé la mémoire et je pourrais être inexact... »

Puis après avoir parcouru les divers chefs sur lesquels portait l'accusation : les actions de la société *Aqua Marcia*, les actions de la Société des voitures et tramways de Rome, l'argent prêté à des banques de la ville devenues insolvables, le prêt d'un million huit cent mille francs aux Pères Jésuites pour la construction d'un collège américain à Rome, les prêts aux princes romains, il entre dans quelques détails assez pittoresques qui jettent un singulier jour sur ses relations financières avec Léon XIII.

« Le Saint-Père me faisait demander de l'argent. Quand il y en avait, je le lui remettais en hâte. Quand il n'y en avait pas, je vendais des valeurs anciennes, comme des *Consolidés* ou des *Rentes françaises*, et même alors le Saint-Père trouvait qu'il fallait attendre trop longtemps l'argent. Un soir, je me le rappellerai toujours, le Saint-Père me demanda, à trois heures après-midi, de lui remettre quatre cent mille francs. Il n'y avait pas, dans les caisses, cette somme d'or, parce que j'avais fait la veille un versement pour des actions. Il me manquait cent mille francs. Le Saint-Père me fit venir et il me dit : « Il me les faut dans une heure. » Je sautai dans un carrosse et je fus chez moi, chez les miens, chez mes amis sûrs. Je dis à toutes ces personnes qui restaient ahuries de mon insistance : « C'est pour moi ! » Je rentrai à quatre heures vingt au Vatican et, pour remerciement, le Saint-Père me dit : « C'est bien tard, Folchi ! »

« Jamais, malheureusement, la grande âme et le puissant génie ailé de Léon XIII n'ont saisi les détails des affaires : quand le Pape glorieux achetait des actions non libérées, il était étonné que je fusse ensuite obligé de faire des versements successifs...

« Si tout cela et bien d'autres choses semblent difficiles à expliquer pour les dépenses, que sera-ce s'il s'agit des recettes? Je recevais souvent sans attribution et plus souvent je ne recevais pas des sommes dont aujourd'hui on me demande compte. L'argent qui m'a été donné, je l'ai toujours inscrit sur des feuilles *(sic)*. Ces feuilles étaient dans deux tiroirs. Pour celles qui me venaient du Denier de Saint-Pierre, pas de difficultés.

« Les commissions de finances peuvent comparer mes feuilles avec les registres des administrations du Denier de Saint-Pierre dans le monde entier : pas un *solde* ne manquera. Autre chose est la part des sommes que me remettait directement le Saint-Père dans sa généreuse confiance envers son très humble serviteur.

« Il arrive aujourd'hui ceci, c'est qu'on me réclame des sommes que jamais je n'ai vues. Cela arriva déjà il y a trois ans. Un jour Sa Sainteté me fit demander quel emploi j'avais fait d'un demi million de dollars en or, que les Américains du Nord lui avaient envoyé. Effrayé et n'ayant jamais vu le demi-million de dollars, je fus me jeter aux pieds du Pape et le Saint-Père me dit : « Je suis sûr de vous avoir remis cette somme. » Pendant deux jours je cherchai et j'étais encore à me noircir la mémoire, quand je fus appelé de nouveau : « J'ai retrouvé, me dit le Saint-Père; les sacs avaient été mis au fond de cette console, derrière la boiserie..... Si j'avais été coupable, j'aurais sans orgueil baisé la terre et dit : « Qu'il soit fait selon votre volonté. »

Mais je n'ai été que la main qui porte le fardeau et je suis traité comme si j'avais été la tête qui a dicté les volontés. Voilà pourquoi, sans terreur et avec confiance, j'en appelle de mes juges à mes juges. »

Cette défense écrite par Mgr Folchi dans le bel atrium de sa somptueuse villa de la via Ludovici, devait lui être funeste.

Ainsi que nous le disait un haut dignitaire de la Cour romaine « Si Mgr Folchi s'était tenu tranquille, tout le monde l'aurait regardé comme un administrateur maladroit, mais comme un honnête homme. S'il se met à bavarder et à écrire des anecdotes, il se fera juger de nouveau : il sera interdit *a divinis.* Cette fois ce ne sera pas le Vatican qui le rejettera. Ce sera l'Église qui le vomira. »

Voici d'ailleurs, toujours au dire du même haut dignitaire, l'histoire exacte de son aventure : la Propagande ayant demandé à l'Église romaine un million qui lui était dû, se vit opposer tant de difficultés, que plainte fut portée au Pape. D'explications en explications, on vint à savoir que vingt millions s'étaient volatilisés et que vingt-trois autres étaient placés de façon à ne rien rapporter et à être compromis. On le voit, en se défendant pour des détails, Mgr Folchi oubliait les gros morceaux.

L'émotion publique devint telle, après le départ de Folchi, que le Saint-Office fut saisi de la question. Vingt-deux ans plus tôt, notre homme aurait été délicatement posé dans la prison Saint-Ange. En 1891, il en fut quitte pour faire un voyage en Suisse et pour tenir compagnie à son ami, le cardinal Mermillod.

Voilà comment Mgr Folchi est tombé d'une situation cardinalice, c'est-à-dire d'une situation qui le menait tôt ou tard aux honneurs de la pourpre. S'il faut en croire mon interlocuteur, voici en quoi se résumerait sa culpabilité :

Les princes romains à qui l'argent perdu avait été prêté étaient des amis du prélat. Ce n'était pas lui qui les présentait au Pape (ils étaient déjà présentés). Mais c'était lui qui trompait le Pape sur leur situation réelle quand il était chargé de faire une enquête. Pour les placements il était le maître. Le Saint-Père lui demandait toujours conseil, et lui, il indiquait toujours les actions sur lesquelles il avait une prime.

Si tout cela n'était pas prouvé par témoignages, il serait resté encore dans un fait brutal de quoi condamner trois fois Folchi ; il eut l'audace de réclamer ses papiers. Or, on a trouvé des registres incomplets, des feuilles éparses, des reçus oubliés, des

comptes sans concordance, des dettes périmées. Ce
bureau était un chaos. Cela ressemblait à une offi-
cine d'affaires véreuses, non à un cabinet de vice-
camerlingue.

On a pu comparer cette comptabilité de sauvage
à la tenue de livres si claire, si simple du cardinal
Antonelli. Ce colossal financier avait le génie de
l'ordre et de la simplicité dans l'ordre. Mgr Folchi,
lui, qui a tant de régularité dans ses affaires privées
et qui tient les livres de sa fortune avec la plus scru-
puleuse exactitude, avait sans doute ses raisons
pour conserver en désordre sa comptabilité publique; il espérait que cette nuit effrayerait les
yeux inquisiteurs. Il a fait un mauvais calcul.

Il ne reste plus au malheureux qu'à fonder une
banque privée et à y employer une expérience si
chèrement acquise.

Quant à Léon XIII, il se mit à étudier les moyens
de fermer la brèche : les œuvres catholiques ne
devaient pas souffrir de l'orage financier qui s'était
abattu sur le Vatican. Sa Sainteté eut le courage
de ceux que les choses de ce monde n'atteignent
jamais personnellement. Il se consola en lisant le
merveilleux *Traité de la considération*, écrit par
saint Bernard, véritable catéchisme des Papes, où
est enseigné le superbe mépris des richesses de ce
monde.

II

UNE GRAVE AFFAIRE

La mésaventure de Mgr Folchi était à peine oubliée qu'un nouveau scandale financier saisissait l'opinion.

En janvier 1892, le cardinal Oréglia di San Stéfano, un des plus importants personnages du Sacré-Collège, camerlingue de la Sainte-Église romaine, évêque de Porto et de Santa-Rufina, était assigné pour le 3 février suivant devant le tribunal civil de première instance à Rome, par M. Amalfitano, ex-prélat, depuis prêtre interdit.

En sa qualité d'évêque, S. E. Oréglia avait à s'occuper de la surveillance de quelques établissements pieux, administrés par Mgr Amalfitano, membre du Chapitre cathédral. L'évêque eut des doutes sur l'administration du chanoine et s'en exprima publiquement. Les choses s'envenimèrent et le Pape, dans son autorité souveraine, évoqua l'affaire à son tribunal et la soumit au jugement d'une commission prélatrice.

Après des mois d'enquête, l'intégrité du chanoine apparut clairement. La commission des prélats rendit une sentence pleine de louanges pour l'administrateur et l'on crut de la sorte avoir mis fin à cette affaire. Mais Mgr Amalfitano ne l'entendit pas ainsi : cette juridiction exceptionnelle ne lui suffit pas.

« On m'a enguirlandé dans des compliments, dans des déclarations, dans un jugement à éloges pompeux, mais tout cela verbalement, entre quatre murs, dans une audience privée.

« Je ne demandais qu'une chose, un papier écrit, régulièrement scellé, et constatant que ma gestion avait été honnête. Rampolla me l'a refusé dans les termes suivants :

« Jamais nous ne vous donnerons un écrit que vous pourriez publier. »

« Publier cet écrit serait le premier de mes droits et aussi mon devoir. L'injure a été publique. Mes collègues, mes amis, mes parents savent par les journaux que j'ai été accusé de dilapidation des finances et je n'aurais pour leur prouver mon honorabilité que des mots! On ne me croira pas et à chaque instant on me jettera à la tête l'épithète de concussionnaire. »

Dans l'espérance de l'apaiser on le berna par des promesses, on lui promit un titre, une distinction

honorifique qui, publiée, aurait prouvé son honorabilité.

Le cardinal Oréglia cependant, ne se tenait pas
pour battu ; il disait hautement, devant une assemblée de quarante dignitaires de son diocèse :

« L'affaire Amalfitano n'est pas finie, je saurai
bien le faire condamner. »

Mgr Amalfitano bondit sous l'insulte, et s'adressa
alors aux tribunaux de son pays. Il n'avait du reste
pas grands ménagements à garder. Sa situation
religieuse était ruinée. Dans toutes les sacristies
de Rome, on l'avait affiché comme interdit, après
l'avoir acquitté.

Il fit citer devant l'un des préteurs de Rome par
la voie diplomatique :

1° Le cardinal Oréglia pour calomnie ;

2° Les cardinaux Rampolla et Monaco La Valetta
comme témoins ;

3° Mgr Boccali, auditeur du Pape, et Mgr Marini,
camérier participant, également comme témoins.
L'affaire devenait plus grave, et allait prendre une
tournure internationale.

La citation lancée par le procureur général ne
fut pas faite directement au Vatican. Elle y arriva
par voie diplomatique, c'est-à-dire par le ministère
des affaires étrangères.

Cette circonstance venait en aide à la Cour
romaine. Il était inadmissible que l'Europe laissât

l'Italie entrer dans cette voie nouvelle de persécutions ; on en appellerait au monde entier, et comme ministre du Pape, le cardinal Rampolla adresserait une note aux ambassadeurs des puissances accréditées près le Saint-Siège.

D'autre part, Sa Sainteté décida, après mûre réflexion et de sa propre autorité, que ni l'accusé ni aucun des témoins ne comparaîtraient.

L'opinion accréditée en Cour romaine, opinion irrévocable, se formulait ainsi :

« Mgr Amalfitano avait été jugé pour actes de son sacerdoce par un tribunal ecclésiastique très régulier, puisque ce tribunal avait été convoqué par le Pape. Il avait, il est vrai, été acquitté ; il est encore vrai que son jugement écrit ne lui avait pas été remis. Mais où son procès avait-il été annoncé ? L'accusation avait été tenue secrète, le jugement ne devait pas être public.

« Il parlait d'un dédommagement. Mais il n'avait rien à recevoir et son honnêteté était suffisamment proclamée par son maintien dans ses fonctions. Italianissime et partisan des pires ennemis de l'Église, il avait voulu porter un coup droit au cardinal Oréglia que tout le monde sait intransigeant.

« Le coup ne porte pas : nous, nous ne sommes pas embarrassés, notre conduite est facile à tenir ; nous nous retranchons derrière la loi des garanties. Si l'on nous répond que cette loi ne prévoit pas le

cas présent, nous ajoutons : « Dans ce cas l'insuffisance de la loi est démontrée ; c'est ce que nous
disons depuis qu'elle existe ».

« Ce sont les gens du gouvernement qui sont ef-
farés. Crispi eût été ravi. Il aurait fait exécuter la
loi italienne au Vatican même *manu militari*. Cardinaux et camériers auraient été menés de force à
la barre du tribunal.

« M. di Rudini n'a pas cette brutalité ; on peut
être sûr qu'il a fait son possible pour arracher cette
épine de la botte italienne. »

Toute cette affaire se résumait d'un mot :

Si Mgr Amalfitano a fait appel de la justice ecclésiastique à la justice civile, le Pape fera appel
de la justice du préteur, à la justice du monde
entier. Cette petite affaire pouvait mettre le feu
aux poudres. Heureusement, le Roi, dont la réserve
constitutionnelle est si connue, se mêla directement de l'affaire... pour l'arranger.

Son intervention personnelle prévint ce grave
conflit...

Un prélat attaché à la Cour (on sait que le Quirinal excommunié a deux grands aumôniers), un
prélat fut chargé de se rendre auprès de S. E. Rampolla. Il exposa, au nom du Roi, et surtout de la
Reine, le plus ardent désir de voir cette affaire se
terminer amiablement.

Mgr Amalfitano fut convoqué dans le cabinet d'un

haut fonctionnaire de la Cour, neveu d'un grand ministre mort.

On exposa au révolté les conséquences religieuses de son appel. Comme il restait sourd à cette voix, on fit vibrer la corde du patriotisme italien qui est très vif chez le chanoine.

Après un entretien de deux heures avec le haut fonctionnaire, le prélat accepta les conditions suivantes :

1° Réintégration dans ses honneurs et titres;

2° Réintégration dans sa charge d'administrateur de la succession, cause de tout le mal;

3° Lettre de regrets écrite par le cardinal Oréglia ;

4° Réponse d'Amalfitano exprimant aussi des regrets sur sa vivacité.

L'aumônier du Quirinal porta ces conventions au Vatican.

A la lecture de la troisième clause, S. E. Oréglia entra en fureur et déclara ne jamais pouvoir écrire une lettre d'excuses à un simple chanoine.

S. E. Rampolla imagina comme moyen de conciliation de faire dire au cardinal Oréglia dans sa lettre qu'il avait été trompé par les faux rapports d'un subalterne et que ce subalterne serait révoqué; et tout fut enterré.

III

COMTES ET CHEVALIERS

Singulier et récent avatar de la Papauté — car les décorations papales ne datent que de Grégoire XVI, — le chef de l'Église des humbles s'est donné pour mission de consoler les victimes des chancelleries européennes. Il panse, avec des rubans, les plaies faites à la vanité humaine. Les pauvres blessés tendent vers Rome leur habit vierge de ruban, pour qu'il soit pavoisé, comme jadis, après une sécheresse, les croisés tendaient leurs casques à la rosée.

Les Ordres pontificaux qui sont au nombre de quatre — comme les Grâces — ont, tous, le charme doux aux cœurs français, de porter du rouge en leurs rubans.

Celui de Saint-Sylvestre, qui s'appela l'Éperon d'or, est rouge liséré de noir.

Celui de Grégoire XVI est rouge bordé de jaune. Ce bord peut se réduire à un fil.

L'ordre de Pie IX est bleu coupé de rouge.

Enfin, le Christ est tout rouge, tant il a honte de se montrer là où parfois il est accroché.

On croit que cette dernière décoration est la propriété exclusive du Portugal. Il a fallu pour faire revenir de cette erreur que Léon XIII mît, un beau jour, la cravate de cet ordre au cou du grand défenseur de la Foi, appelé Bismarck.

Le Christ fut alors donné.

Ordinairement, il est vendu fort cher, un peu plus de trente deniers, et le nouveau Judas porte le titre de cardinal-préfet de la secrétairerie des Brefs.

Dans ses bureaux viennent échouer tous les tentés, qui ne sont pas les saint Antoine de leur tentation, et leur nombre dépasse cent mille par an. Sur ces cent mille personnes, qui aspirent à la récompense de leur zèle pour l'Église, un millier s'en va satisfait.

Souvent une décoration est l'épingle d'un marché : il y avait une fois — cette fois n'est pas vieille — un auditeur à la Nonciature de Paris, qui, pour ses affaires privées, était en relations avec les usuriers. Pour aider les négociations, le prélat passait à la boutonnière de ces gentilshommes une décoration, qui devait être aussi étonnée de se trouver là, qu'une pensionnaire de se réveiller dans un cabinet particulier.

15.

Quand les décorations ne vont pas par dessus le marché, elles sont l'objet d'un marché.

Financièrement, elles vivent sur un pied d'égalité évangélique.

Chacun peut choisir, entre Saint-Sylvestre, Grégoire XVI et Pie IX, le ruban et la couleur conformes à ses goûts. Seul le Christ est réservé.

Le titre de chevalier vaut mille cent vingt-cinq francs net. Le titre de commandeur coûte deux mille deux cent cinquante francs. La plaque va jusqu'à quatre mille huit cents.

Tels sont les tarifs officiels. Il faut y ajouter la lettre épiscopale sans laquelle une décoration ne peut être obtenue.

L'intervention de la Nonciature peut seule dispenser de ce témoignage. Mais cette intervention n'est pas gratuite. L'Église décore ses bienfaiteurs. Il faut prouver que l'on ne recule pas devant un bienfait.

La meilleure façon d'échouer est d'aller à Rome. Il y a des gens qui, au lieu de payer une commission et de rester chez eux, vont courir les rues de la Ville Éternelle et faire la chasse à la décoration.

Or, les prélats romains n'aiment pas à voir réunis dans leurs bureaux les aspirants aux honneurs de l'Église. Cette réunion risquerait d'être plus gaie que le ballet des matassins de *Monsieur de Pourceaugnac*, surtout si les décorés portaient le costume auquel ils ont droit : habit vert avec feuilles de chêne en argent, épée avec garde de nacre et chapeau à plumes noires.

Ni ce brillant uniforme, ni la croix ne sont compris dans les frais. Quand le nouveau chevalier est promu, il doit acheter le tout.

A ces droits variés s'ajoute l'inscription sur les grands livres de la chancellerie française. Cette simple formalité ne va pas toujours sans difficultés. Une pièce très modeste est demandée : le casier judiciaire. Récemment, un commandeur de Saint-Grégoire ne put être inscrit. Il avait subi quarante-deux condamnations. La Nonciature fut avertie et à toutes les observations, Mgr Rotelli, alors nonce, répondait : « C'était *oun* si *boun* cathoulique ! »

Un autre personnage, qui tenait banque près le ministère de la Justice — il voisinait — avait toutes les décorations pontificales. Mais jamais il n'avait osé risquer les pieds dans notre chancellerie. Il portait ses décorations dans sa poche, quand il allait à un mariage. Dans l'église, s'il n'apercevait pas de policier indiscret, il sortait, peu à peu, crachats, grands-croix et cordons, pour accrocher modestement tout cela sur son habit. Il est, aujourd'hui, parti pour le pays où fleurissent les rosettes.

Malgré ces incidents, les décorations romaines sont fort demandées. Avant Léon XIII, on comptait

les titulaires. Depuis Lui, ils sont devenus forêt.
Il suffit, pour obtenir ce que l'on désire, de donner
beaucoup, singulière mesure qui rappelle l'archange de l'Apocalypse estimant avec une règle
d'or les murs de la Cité Céleste !

L'année de son jubilé, Léon XIII céda plus de
quinze cents décorations.

A côté des chevaliers romains, vivent et triom-
phent les comtes palatins. Nombre de bourgeois
pieux saisissent aux crins ce titre imaginaire et
sautent sur le dos ailé de cet hippogriffe héraldique.

S'il n'y a rien qui ressemble à une institution
comme un ridicule adopté, la noblesse pontificale
est bien près de devenir une institution.

Il n'est pas plus difficile d'être comte ou marquis
que chevalier de Grégoire XVI. Il suffit de ne pas
avoir rendu de réels services à l'Église, d'être
inconnu, de faire une demande, et d'acquitter la
facture.

Le titre officiel de ce que le monde appelle
dédaigneusement les comtes romains, est fort beau.
Ils sont comtes du palais apostolique et de la cour
de Latran. Le nouveau gentilhomme peut porter
une croix d'or, une chaîne d'or et un manteau de
velours. Pour les bals travestis, c'est moins joli
que le costume de camérier secret. Mais enfin,
c'est un uniforme et les comtes du Pape ne vont
pas tout nus dans le monde — comme l'Amour.

Paris possède depuis quelque temps un comte de plus, pas un petit comte au berceau que madame la comtesse, sa mère, ait honnêtement fait en collaboration avec monsieur le comte, son père ; non, certes, mais un barbon de quarante ans qui, couché hier sous un bonnet de coton, s'est réveillé aujourd'hui, coiffé d'une couronne à fleurons :

> *Déjà, nouveau seigneur, il vante sa noblesse,*
> *Quoique fils de meunier encore blanc du moulin,*
> *Il est prêt à fournir ses titres sur vélin.*

Titres authentiques, ma foi, payés à beaux deniers en cour du Vatican — cette cour républicaine où l'on peut causer sacs et parchemins.

Ce serait plate aventure à raconter que celle du nouveau gentilhomme. Son argent, gagné dans le commerce des farines, n'a pas d'histoire. Ce fils de boutiquier est venu sur le tard briser sa roture contre le sein d'une marquise, sirène qui lui a fait aimer l'écueil sur lequel il tombait. Il a voulu épouser ; la marquise n'entendait aller à l'autel qu'au bras d'un comte, pour le moins. Un respectable abbé, qui servait auprès de la dame comme un bouclier contre la médisance, et s'occupait des plaisirs du jeune homme — honni soit qui mal y pense — en lui faisant faire un mariage, s'est offert comme intermédiaire pour transformer le fiancé en comte. Ainsi a été fait : et l'on dit qu'en France la noblesse s'en va ; elle vient, au contraire, toute fraîche et neuve, satisfaire le besoin d'inégalité dont souffre une société égalitaire.

Ce qui est amusant, ce n'est pas l'histoire particulière du cas actuel, c'est l'histoire générale de ces familles titrées à Rome, qui cachent leurs origines dans une nuit profonde, nuit qui fait aux badauds l'effet d'être la nuit du temps.

Il y a deux sortes d'anoblis romains : ceux qui ont reçu le titre et ceux qui le prennent. Les premiers cachent la date de leur titre ; les seconds se vantent, au contraire, d'avoir obtenu ce qu'ils se sont octroyé.

Il n'y a eu, depuis 1831, en dehors des prélats dont les titres sont personnels, que cent soixante-dix-sept familles françaises titrées par le Pape. Or, plus de deux mille portent des couronnes qu'elles disent pontificales.

Il faut ajouter que la chancellerie française a confirmé à peine quarante brevets. Louis-Philippe en reconnut vingt, Napoléon III en enregistra quatorze, entre autres ceux de MM. de Rostolan, Vaillant, de Corcelles et Armand. Enfin, le maréchal de Mac-Mahon a recueilli cinq épaves de Pie IX. Le reste a été consigné à la porte de l'état civil, à moins qu'il ne s'y soit introduit par l'escalier de service. Cela vaut alors ce que vaut une carte de visite.

Voici la recette pour obtenir les hochets romains :

On peut avoir rendu des services à l'Église, bien que cela nuise au demandeur et complique singulièrement sa situation. Il faut adresser une demande au Pape, la faire appuyer par un évêque, payer le tarif public, et surtout acquitter le tarif secret. Le titre de duc, qu'on vend aux ténors et qu'on donne aux héros, coûte une centaine de mille francs. Le titre de comte, le plus demandé, vaut vingt mille francs. Avec des commissions bien placées, il est facile d'obtenir des réductions. Mais tout doit, depuis quelques années, être payé d'avance ; autrefois, la facture n'était présentée qu'après l'envoi du document.

Il arriva qu'un banquier fort riche sollicita un titre. Les prix furent doublés et après quelques mois de démarches, le bref fut solennellement enregistré en cour du Vatican. L'homme d'affaires se réveilla et se mit à marchander. Il n'envoya que la moitié de la somme convenue. Le cardinal Antonelli, alors ministre d'État, ne s'émut pas et adressa au client un titre ainsi libellé :

« *A M. X..., comte de Monte-Avarico.* »

Les quatre cheveux qui dessinaient, sur la tête de l'ennobli, une symbolique auréole, se dressèrent sous leur enduit de cosmétique. Le supplément fut vite soldé et le bref rectifié. La leçon servit au Vatican, où aucune leçon ne se perd et, « afin d'éviter les difficultés », il faut maintenant payer d'avance.

Parfois, le Saint-Père envoie à un évêque en mal d'argent quelques parchemins en blanc. L'évêque peut mettre les noms et toucher le prix. Les titres sont du reste tous anonymes. Ils sont sur peau, sans en-tête imprimée, et commencent par ces mots : « Cher fils. » Le titulaire n'est jamais nommé dans le cours de la lettre et la suscription se trouve au dos du vélin. Le cachet *du Pêcheur* scelle le tout, et un cardinal signe.

Les titres ne sont pas exclusivement réservés aux hommes. Pour quatre mille francs une honnête dame peut être comtesse non héréditaire. Ce serait pour les actrices retirées plus économique que leur sport habituel du mariage avec un vrai gentilhomme ruiné.

Si beaucoup de gens sollicitent les titres pontificaux, très peu tiennent à se vanter de cette acquisition. Un entrepreneur de notices généaloliques, gratteur d'écussons, adossé depuis longtemps à la colonne de la vanité humaine, eut récemment l'idée de publier une liste des gentilshommes romains. Il adressa une circulaire aux familles frappées de cet honneur, demandant la

modeste somme de cent francs pour insertion
dans son dictionnaire, avec armes à l'appui. Plusieurs personnes répondirent en offrant le double
du prix qu'on leur demandait, mais à condition
de ne pas être citées. Le généalogiste ne perdit pas
pour si peu son petit équilibre commercial. Il
retourna sa proposition et publia une liste où furent seulement inscrits ceux qui avaient refusé la
rémunération.

Tous les titres du Pape ne sont pourtant pas
d'origine inavouable, et j'en sais que leurs pro-
priétaires peuvent porter fièrement. Quelques-uns
ont été gagnés sur les champs de bataille et perpé-
tuent dans les familles, très nobles d'ailleurs, le
souvenir de journées, où la gloire se teignit de
sang. Tels, les marquis de Pimodan, créés duc
de Castelfidardo, en souvenir de la bataille où
leur père mourut, comme on meurt dans cette
vieille maison. Tel aussi le colonel d'Albiouse,
créé comte romain avec cette pieuse devise :
Pro Petri Sede.

D'autres ont gagné leurs titres en rendant service
à l'Église dans les colonies lointaines ; M. Charles
Dillon, ministre plénipotentiaire de France, rési-
dent supérieur en Annam, reçut par la Propagande
le titre qu'il n'avait pas sollicité.

M. de Mouy, ancien ambassadeur de France près
le Quirinal, est comte du Pape ; ce qui prouve que

Léon XIII accueillerait volontiers près de lui, malgré son passage à la cour du roi Humbert, ce diplomate. M. de Mouy remplacerait avec avantages le malheureux Lefebvre (de Behaine), créé comte par erreur en janvier 1870.

On peut encore citer des gentilshommes de souche qui ont été titrés par les Papes, depuis les Grammont, duc de Caderousse, jusqu'aux O'Connell, ces beaux descendants des princes irlandais de Thomond.

Comtes romains, M. de Poli, un préfet comme le Seize-Mai aurait dû en avoir beaucoup; M. de Reiset qui, même sans ancêtres, serait un grand seigneur ; M. Roselly de Lorgues, l'historien dont le plus beau titre est d'avoir été, avec génie, chevalier de plume et d'épée au service de Christophe Colomb ; les Brimont, qui, vicomtes français, ont eu le bon goût de ne jamais porter leur titre de comtes de Formello.

Viennent ensuite les bourgeois de Paris, d'assez vieille roture, pour ne s'empanacher qu'en souriant de leurs masques nouveaux : les Riant, les Werlé, le comte Yvert enfin, sage descendant des célèbres notaires.

Le premier rang, par droit d'alphabet, devrait appartenir dans une liste complète aux Abeille, créés comtes en 1852.

M. Fischer, dit de Chevriers, veuf de Mme de

Persigny et mari de je ne sais qui, appartient aussi à la chronique judiciaire pour avoir perverti un fonctionnaire de l'état civil.

Cueillons encore quelques noms au hasard de la plume dans le monde parisien :

M. Girard du Demaine, le mari de Mlle de Rémusat ; M. Jacquemont, très connu ; M. Hennecart l'époux de Mlle de Mackau ; M. Janvier de La Motte, dont les armes sont *d'azur au vol d'argent*, M. Keller, né à la noblesse en 1890 ; M. Le Gonidec de Penland, un disparu involontaire ; M. Martinet, qui n'est pas l'anarchiste connu ; M. Rochaïd-Dahdah, un cheick maronite naturalisé français.

La liste pourrait se terminer par un Salvator et un Salomon qui sentent les croisades... côté des Infidèles.

On connaît maintenant la fleur française du panier héraldique, posé sur les tables du Vatican.

De tous ces titres romains, le monde plaisante d'abord ; il se tait ensuite et finit par les coller au nom de ceux qui les ont payés. C'est la victoire de l'habitude sur la Médisance, cette déesse inconstante qui veut chaque jour des sacrifices nouveaux. C'est avec la vanité que se pansent les blessures faites par le monde à la vanité. On aurait tort de croire que la moquerie empoisonne le bonheur des titrés nouveaux, ils sont les Mithridates du ridicule, invulnérables aux poisons que distillent les guêpes de salon.

Un siècle après la Révolution, il est doux aux âmes mal nées de pouvoir réparer l'injustice du sort, surtout en France où nous sommes attirés vers les honneurs comme le cercueil de Mahomet était attiré vers la voûte de la mosquée. Ne nous gênons pas : la chancellerie du Vatican est ouverte tous les jours de deux à quatre, sauf le dimanche.

IV

LE DIVORCE DANS L'ÉGLISE

Au milieu du Paris élégant s'élève une église
qui ressemble un peu au Palais-Bourbon et beaucoup à la Bourse. Cette double ressemblance auto-
rise ladite église à s'offrir de temps en temps le
luxe d'un petit scandale. Ce temple doré sert de
théâtre ordinaire à toutes les glissades mondaines
des petites femmes qui y donnent leur premier
rendez-vous derrière les colonnes à prétentions
helléniques.

Là aussi, certains prédicateurs peuvent vaquer,
sans être troublés, aux soins de leur honteuse
popularité, et, saltimbanques de la chaire, peuvent
déballer leur marchandise avariée, sous l'œil
étonné du suisse, sous le regard satisfait du curé.

Il n'y a pas longtemps, il s'y est produit un
incident plus nouveau. Ce n'est pas par tolérance
que le curé a péché dans sa maison... tolérante.
Il a péché par action, et il a marié, béni et salué
d'un mot aimable des gens qui, aux yeux de

l'Église, n'étaient pas libres, autrement dit, une jeune fille quelconque et un divorcé. Et il ne s'agissait pas là d'un divorcé ecclésiastique, mais d'un simple divorcé civil.

Les fiancés étaient riches, bien apparentés; et ils ont supplié; ils ont appuyé leur supplication d'une belle aumône pour les pauvres, et M. le curé a oublié le mariage précédent, le mariage que Jésus-Christ avait voulu indissoluble et qui, après avoir été dissolu, a été dissous par la loi civile, la loi inique contre laquelle les vicaires de M. le curé tonnent tous les dimanches avec des indignations copiées sur les gestes du comte de Mun.

Il est bien entendu que le curé s'est trompé, qu'à l'heure où il bénissait les époux il ignorait tout. Il ne savait rien non plus quand il a enfoui dans sa manche la boîte de bonbons qui contenait autre chose que des dragées. Cette manche, qui a pourtant l'étroitesse de l'habit gallican, s'est trouvée, pour une fois, être large comme une manche de froc dominicain. Tout y est entré : le chèque, la bénédiction et le mariage. Le remords s'y serait enfoui aussi, pour y dormir sans doute, si quelque âme scélérate n'avait connu et reproduit l'aventure. Alors le curé, qui ne sait pas le premier mot du catholicisme, et pour la raison très simple que les déjeuners et les dîners en ville ne lui ont pas permis d'étudier ce que sait un pauvre desservant de campagne, à la soutane loqueteuse, alors le curé est allé se jeter aux pieds du cardinal Benjamin Richard.

Le vénérable vieillard a agité sa crosse peu crossante, fait passer son anneau de la main gauche à la main droite. Il a secoué le coussin de plumes sur lequel une main pieuse a brodé les armes vagues des Richard dits de Lavergne, ses aïeux. Il a appelé son fidèle secrétaire, celui qui lui sert à penser, et les trois docteurs ont conclu : « Il faut, à tout prix, taire ce scandale, et il faut éviter que la mauvaise presse ne s'en empare. »

Ainsi le curé élégant de la paroisse la plus élégante de Paris croyait avoir évité l'effroyable succès qui le menaçait : être acclamé par les apôtres du divorce, comme un précurseur.

La considération qui doit le plus endormir et embaumer la conscience du prêtre parisien est celle-ci : la cour de Rome se conduit, tous les jours, comme lui-même s'est conduit une seule fois dans sa vie, et le divorce clandestin et honteux régnait déjà dans l'Église romaine qu'aucune puissance n'avait encore songé à l'inscrire dans ses codes.

La doctrine de Rome et la doctrine du Curé, c'est le même volume sous deux reliures différentes.

A son insu, M. l'abbé Jourdain a fait du romain sans le savoir.

En principe, Rome n'admet pas de cassation. Quelquefois seulement, quand on met sur ses yeux un bandeau qui n'est pas d'amour, elle déclare que le mariage est nul, c'est-à-dire n'a pas existé ; elle brûle les cartes biseautées et la partie peut recommencer.

Ces jugements sont rendus par un groupe de cardinaux qui forment la congrégation du Concile ; ce ministère ou tribunal, comme vous voudrez, ne fait pas moins que casser, moyennant finances, les mariages usés.

A certains jours, la Chancellerie où cette Haute-Cour tient ses séances devient la succursale des boudoirs du demi-monde entier, le dernier coin où vibre l'écho des querelles d'alcôves.

Il y a quatorze cas de nullité, parmi lesquels la non-consommation a le premier rang, et le non-consentement occupe le second.

Il faut voir de quelles subtilités et de quelles distinctions les théologiens enveloppent leurs considérations sur le divorce ecclésiastique. Il s'agit d'admettre la chose et de repousser le nom.

Ce n'est pas le divorce, disent-ils, c'est la constatation qu'une union est nulle. Ceci est peut-être vrai, quand il s'agit de la cause d'empêchement connue sous le pseudonyme de *non-consentement*.

Le procès traîne deux ans ; deux jugements successifs sont prononcés ; l'un en première instance, l'autre en appel. Mais, détail piquant, les juges de l'appel sont les mêmes que ceux de première instance.

Après les deux arrêts rendus, le procès n'est pas fini ; la Congrégation n'a fait qu'émettre les avis et le Pape prononce en dernier ressort.

L'Église prononce purement — ou impurement — le divorce, quand il s'agit de non-consommation. Elle brise un lien légitimement noué, et il lui est toujours impossible de dire que le mariage non encore consommé ne le sera pas demain.

Tout cela coûte entre cinq cent mille francs et deux millions, ce qui faisait dire un jour au brillant comte Festetics, époux, après cassation, d'une princesse acariâtre :

— « J'ai dépensé un million pour faire divorcer à mon profit la comtesse en Cour de Rome. J'en donnerais bien deux pour divorcer avec elle. »

Et la procédure suivie ? Elle est plus scandaleuse et plus immorale que les pires adultères. La femme, si elle se prétend vierge, malgré elle, passe de bains en bains, de matrones en matrones. On lui pose les questions qui feraient éclater cette chose inexplosible : la pudeur d'un dragon. Si le mari est dit impuissant, trois médecins constatent ou essaient de constater le désastre et crient victoire, quand leurs lunettes et leurs faces ridées ont laissé froid comme glace le malheureux époux.

Le mariage a, dans cette affaire, un avocat d'office, un défenseur légal dont la mission est de faire monter les frais.

Il crée des difficultés de procédure. Devant les cardinaux réunis, il présente des objections, fait venir et revenir le procès. Il fait imprimer des mémoires, des constats, tirer des clichés photographiques. Enfin, si les deux époux veulent le divorce romain, ils s'en tirent avec cent mille francs. Si l'un d'eux veut rester attaché au boulet, il faut compter de quatre à six cent mille francs.

Le scandale de certains procès a éclaté comme de cruelles fanfares modernes sur les dalles antiques du Vatican.

Les plus honteux sont certes venus de France, et la faute en a été à l'archevêque actuel de Paris.

La plus malheureuse de ces aventures était facile à éviter. Le procès était intenté par Mlle Pélissier, fille du maréchal de Malakoff, contre le comte Jean Zamoyski, grand seigneur dont le nom vaut, en Pologne et en Autriche, un nom de roi.

La fiancée avait cette beauté qu'on prêtait aux filles d'Ossian, à ces belles rêveuses qui couchaient sur les nuages sans les faire plier. Dieu lui avait donné ce don qui est la beauté, et aussi ce trésor supérieur qui est le charme, rayon arraché à quelque coin de ciel pour éclairer les figures de femmes.

Mlle Pélissier avait un regard perdu vers les au-delà, qui contrastait par sa mélancolie avec l'étincellement de vie qui éclatait dans la large personne de sa mère.

Le comte Jean eut pour elle — pour la fille — un amour prodigieux, slave, chimérique, et qui fut coupé d'incidents, d'aventures et d'orages.

Un beau jour, une personne, à qui l'on doit aujourd'hui le respect que l'on doit aux tombes, sépara pour toujours la femme d'avec le mari. Un procès en Cour de Rome fut engagé, et pendant quatre ans, le monde ironique vit Jean Zamoyski, fou d'amour plus que de colère, demander une seule chose, qu'on le laissât causer avec sa femme un quart d'heure et il se chargeait de la ramener.

L'archevêque de Paris aurait dû favoriser cette rencontre, il s'y opposa et l'Église a brisé pour toujours ce que l'amour et Dieu avaient uni.

Dans tous les procès, il y a toujours la note gaie à côté de la note tragique.

Jean Zamoyski anima de son bel esprit neuf son procès. Il s'en allait, tous les matins, voir les cardinaux présents à Rome, et il rencontrait souvent dans les escaliers, son ex-belle-mère, la maréchale Pélissier.

Un jour, l'avocat de la comtesse avait imprimé

un mémoire où il constatait les priapiques velléités
du comte. Un soir, chose horrible, le grand
seigneur polonais ne s'était-il pas introduit tout
nu dans la baignoire où déjà était sa femme !

Ce n'était pas un cas de divorce; mais il paraît
que cet acte semblait monstrueux à un vieux cardinal, Jean Zamoyski put le voir et lui dit :

— « Éminence, dans l'histoire qu'on vous
raconte, il y a un fond de vérité: le fond, c'est la
baignoire. Mais c'est moi qui y étais calme et soli-
taire, quand ma femme est venue m'y rejoindre. »

Le cardinal sourit, et toute la ville aussi, car ces
histoires se colportent et forment le fond de
baignoire des conversations romaines.

A côté de cette cassation tragique par l'intérêt
qui s'attache aux deux victimes se place la série
plus nombreuse des procès-comiques.

Voici d'abord prononcée la nullité de mariage
entre Mlle Marie-Madeleine d'Imécourt et M. Paul
Musurus, fils de Musurus-Pacha et frère de la princesse de Brancovan.

La jeune fille avait été élevée, ou plutôt n'avait
pas été élevée du tout, par des institutrices per-
verses ; c'était un joli paquet, rond, gracieux et bien
parfumé. Le cœur en feu, la moustache en pointe,
Paul Musurus n'osa pourtant mener cela à l'autel.
Il prit la fuite vers Londres et c'est là que
Mlle d'Imécourt vint le rejoindre et l'épouser à

l'anglaise. Le mariage a été cassé plus tard, pour cause de non-consentement.

A peu près en même temps s'entassaient les rapports sur l'affaire de Mlle Martinez Campos et du comte Sérano, fils d'un maréchal espagnol.

Le mari avait, paraît-il, une politesse de glace. L'Espagnole trouva le sorbet un peu froid, obtint la cassation de son mariage ; et de tambour en trompette, tomba dans les bras d'un fils d'huissier qui l'enleva sans procès, mais ne l'épousa pas de même.

Un peu plus tôt, la Curie romaine avait rendu un jugement curieux entre Mlle Blanche de Giffe et M. le comte de Sampigny. Après un mariage d'amour, où l'amour semblait avoir duré cinq ans, Mme de Sampigny prétexta un voyage, partit du domicile conjugal et n'y rentra jamais. Le comte obtint le divorce en France et la femme l'obtint à Rome, après une constatation faite par deux médecins et une véritable matrone qui conclurent à un retour de virginité. Le mariage n'avait, paraît-il, été consommé que dans l'écartellement des deux écussons sur l'argenterie familiale.

Semblable fut, ou à peu près, l'histoire du mariage cassé entre le prince de S..... et une demoiselle qui n'avait rien de *Jenny l'ouvrière*, bien qu'elle eût appris la vie devant une machine à coudre.

16.

Il ne faut pas croire que ces vierges attristées passent dans la solitude leur temps à égréner des souvenirs incomplets, en attendant un second mari. Elles se sont rencontrées et se sont réunies sous la houlette d'un prêtre vénérable du faubourg Saint-Germain.

Le vieillard couronne de cheveux blancs un corps qui ressemble à un bâton de guimauve, et il dirige avec douceur ces femmes qui ne se sont jamais plaintes de violence.

Ces dames ne voient personne : elles se reçoivent seulement tous les soirs. Dans un Saint-Hélène de salon, elles causent pour se consoler de n'avoir pas eu leur Waterloo ; elles exécutent des sonates de musique sur les peines de leur cœur et les ravages que ne font pas les hommes.

Dans le groupe, se glissa un jour une dame qui se disait anglaise et qui ne savait pas que l'Angleterre est une île. C'était un être prétentieux, qui se croyait la grâce en personne, parce que d'un corsage sans digue, croulaient et s'écroulaient des choses qui avaient pu être des seins.

La dame parlait tant des tourelles de son manoir, que les sœurs en virginité firent une enquête. On découvrit la loge natale, mais on ne découvrit pas de cassation... parce qu'il n'y avait jamais eu de mariage. La brebis galeuse a été expulsée et le prêtre a repris la direction de son petit troupeau.

Il demande des ouailles nouvelles et porte sans honte le titre d'archevêque de Lesbos.

Tout cela n'empêche pas le divorce d'être dans la pratique de l'Église, et, circonstance aggravante, il y est avec une auréole de mensonge et de vénalité.

C'est qu'on a fait du catholicisme moderne, un filet auquel il faut toujours ajouter des mailles pour prendre plus de poisson. On est peu à peu descendu à une Religion de fantaisie, de trafics, de pourboires qui ressemble au catholicisme naturel, comme le curé, cité au commencement de cette histoire, ressemble à un saint.

Il en résulte ceci : les ennemis de la Religion éprouvent une joie féroce, en voyant l'antique sacerdoce s'en aller et fluer de toutes parts, et ils s'imaginent que si les prêtres s'amollissent, l'Église se ramollit.

PANAMA DE SACRISTIE

C'était aux funérailles du cardinal Bernardou :
sous une pluie de Hollande, les évêques avaient
défilé et, au milieu d'eux, on avait vu passer le
costume chinois de M^r. d'Hulst.

J'avais pour voisin un chanoine de superbe et
gaillarde encolure, paysan d'origine, qui s'était dé-
crassé et jouait au prélat d'ancien régime.

Le rose de son teint n'était ni couperosé, ni fatigué, ni frelaté. On devinait que cet homme ne
devait pas avoir eu, dans la vie, le chagrin facile.
Pourtant il pleurait, comme pleurait seul le ciel,
ce jour-là :

— Vous regrettez bien vivement le cardinal ?
demandais-je d'une voix émue.

Le chanoine me regarda, il me trouva sans doute
la figure large et bonne, et, en ces termes, il me
confia son chagrin :

— Ah ! monsieur, nous ne le remplacerons jamais. Personne ne connaissait comme lui les af-

faires de la Bourse. Ce bon cardinal! il doublait
nos appointements en les faisant fructifier dans un
jeu honnête. Ainsi, l'année de la dernière émission
du Panama, mes petites économies m'ont rapporté
vingt-cinq pour cent.

Si le cardinal avait fait prendre à ses chanoines
un bain excellent de Panama, il n'avait pas été en
cela une exception. Toute la catholicité a trempé
les pieds dans les eaux du Panama, depuis le Pape
qui perdait en jouant jusqu'aux prélats incertains
qui gagnaient en touchant des commissions.

Les Lesseps, comment qu'ils soient jugés par
l'actualité, resteront dans l'Histoire les tristes et
pâles victimes du plus formidable chantage qui ait
jamais été mis en musique.

Au temps glorieux où les finances du Vatican
valsaient sous l'archet de Mgr Folchi, on joua sur
Panama. Mgr Folchi, lui, touchait une commission
de cent francs par titres achetés pour le compte de
son maître. De son côté, le journal officieux de
Léon XIII battait la réclame à trois cents exemplaires autour des émissions et touchait vingt-cinq
mille francs en la personne vénérable de Mgr Galimberti, alors prélat romain, aujourd'hui cardinal
et pro-nonce à Vienne.

Dans une autre circonstance et par intermédiaire
diplomatique, le même Galimberti soutira trente
mille francs à la Compagnie pour avoir conseillé

à Léon XIII l'achat de trois cent mille francs de titres.

La politique du Vatican était à cette époque toute germanique : on s'occupa surtout du Panama dans les caisses romaines, au moment où M. de Lesseps fut reçu triomphalement à Berlin.

Comme l'opérette ne perd jamais ses droits dans cette Cour de Rome, qui eut jadis ses ballerines et des prélats pour mesurer les tutus de ces dames, il y eut autour du Panama des exploitations follement gaies.

Un auditeur de nonciature alla un jour chez les administrateurs du Canal et proposa à l'un d'entr'eux de faire souscrire les personnages de la Cour romaine pour tant d'obligations, à la condition que la Caisse du Panama paierait la note du prélat chez un bijoutier du boulevard. La note était modeste. La Compagnie accepta. La facture fut acquittée, mais les actions ne furent jamais souscrites.

Plus habile et plus honnête fut l'aumônier d'une grande dame. Il allait tous les ans porter au nom de sa maîtresse une large aumône au Vatican. Il avait acheté, pour son compte personnel, un assez gros paquet d'actions du Panama. Quand ces titres baissèrent, il les offrit au Saint-Père et garda le chèque que lui avait remis la grande dame.

A côté des joueurs importants, se glissaient des

quêteurs plus modestes. Ceux-là n'achetaient pas, ne vendaient pas. Ils demandaient des courtages.

Il y a dans Paris un affreux petit vicaire dont les yeux divorcés effrayent les enfants du catéchisme. Ce personnage de mère juive convertie ou pervertie, avait cinq pénitentes veuves, riches et confiantes. Il demanda une honnête commission pour placer à ces pauvres hirondelles d'église quelques actions du Panama.

Gaie aussi l'histoire de ce haut personnage de l'archevêché de Paris, célèbre parce qu'en fait de ton, il a l'ignorance de ce M. de Corbières qui mettait son mouchoir taché de tabac sur le bureau de Louis XVIII.

Chaque fois que l'abbé dînait en ville, il disait, en se frottant les mains : « J'ai encore acheté cinquante Panama ce matin. » On prétend que ce prêtre, homme sandwich des salons demandait vingt-cinq francs par jour pour cette réclame régulière.

En France, le clergé ne négligea pas cette bonne affaire. Les grands journaux catholiques eurent une certaine réserve dans leurs conseils. Parmi ceux-là on peut citer l'*Univers* et le *Monde*, qui ont peut-être d'autres défauts, mais qui gardent leur empire sur le public catholique parce qu'ils ne sont ni à vendre ni à louer.

Les premiers rôles furent donc joués dans le Panama par des comparses ; il se fonda des feuilles aux titres mystiques dont le but était d'exploiter le clergé. Ce qu'il est mort de *Rosiers de Marie*, de *Buissons de saint Joseph*, depuis la liquidation de Panama est incalculable.

Le directeur d'une de ces feuilles est aujourd'hui bien logé à Mazas, et son journal, mis en faillite, a été vendu pour trois cent cinquante francs y compris « le bref approbatif de Sa Sainteté Léon XIII. »

Un personnage, qui portait presque le nom d'un cardinal avait imaginé de syndiquer toutes les semaines religieuses de France. Il y en a quatre-vingt. Soixante répondirent à l'appel et le courtier s'efforça d'introduire jusqu'à la dernière minute, dans les âmes des prêtres, l'huile adoucissante que le bon Samaritain fit couler dans les blessures de l'homme « qui descendait de Jérusalem à Jéricho. »

Ce personnage a touché plus de six cent mille francs en dix ans pour la seule affaire du canal. Les journaux religieux n'en profitèrent pas, mais continuèrent à insérer pour cinq cents francs par an des appels aux bourses pieuses.

A côté de la publicité écrite, voici la publicité parlée. Un haut fonctionnaire du Panama disait un jour : « Je serai obligé d'avoir un secrétaire spécial pour recevoir les membres du clergé. »

Ces membres du clergé ne venaient pas au gui-

chet pour acheter, ils venaient pour demander des
commissions. Parmi eux, dominaient les précepteurs, ces prêtres sans scrupules, dont la jupe a
des airs de robe de bonne d'enfants et des coupes
de livrée. Ces abbés, honte du clergé, chassés de
diocèse en diocèse, et échoués sous la houlette
enrubannée de l'archevêque de Paris, venaient toucher cent francs, deux cents francs, quelquefois
plus, pour conseiller à leurs maîtres le placement
des actions. Tel fut le rôle de l'Église dans les
affaires du Panama.

Tout cela prouve que lorsque le prêtre descend
les marches de l'autel et laisse derrière lui le
Christ placé sur le tabernacle, il court à tous les
vices.

LES VARIATIONS DE L'ÉGLISE

I

L'ENFER DES LIVRES

Un jeune homme catholique avait fait un roman. C'était la première œuvre du bébé littéraire. Il la remit à un vieux prêtre très savant : « Veuillez, dit l'auteur, examiner cela pour savoir si je ne risque pas d'être atteint par la Congrégation de l'*Index*, à Rome, cette Cour suprême qui condamne sans plaidoiries et sans appel les livres trop émancipateurs par la doctrine ou trop émancipés par les mœurs. »

Après examen, le prêtre voulut rassurer le jeune homme :

— Ne craignez rien ; votre livre ne peut être condamné.

— O mon père ! s'écria le débutant, je vais être

obligé de recommencer. Être mis à l'*Index !* C'était mon seul espoir! C'était la vente assurée, le succès certain.

Léon XIII, amant des réformes, connaît peut-être cette histoire vraie, car il est en train de refondre l'*Index* et de rendre la vie à l'institution mourante du concile de Trente et de Pie V.

Il veut que l'*Index* redouté soit vraiment l'enfer des livres, et non le catalogue broché en vert, couleur d'espérance, où les impies et les polissons vont faire le choix de leurs lectures.

La Congrégation est présidée par un cardinal qui est S. E. Camille Mazzella.

Ballonné, gonflé comme un sonneur de trompe qui a trop sonné, hérissé comme le sanglier d'Erymanthe, le cardinal est orné d'une bouche énorme dont les lèvres pendantes versent d'avance le mépris et le dégoût sur les choses soumises à son examen.

Avant d'être prince de l'Église, Mgr Mazzella était jésuite. Au commencement du règne de Léon XIII, on prétendait que les dominicains allaient être seuls en faveur. Pour prouver le contraire, les fils de Loyola choisirent dans leur Ordre un homme qui fût théologien, rien que théologien. Cet homme s'appelait le Père Mazzella, professeur au collège romain. Il était savant et austère à point. Les jésuites le poussèrent, le hissèrent au cardinalat et le firent mettre à la tête de cette Congrégation de l'*Index* qui a été longtemps un fief des dominicains. Le secrétaire appartient même encore de droit à ce dernier Ordre. C'est le R. P. Frati, écuyer cavalcadour de la Congrégation, véritable inspirateur des décrets signés par d'autres. Le visage de ce moine serait une insulte pour les yeux, si Dieu n'avait pas versé quelque chose de joyeux et de spirituel dans cette gargouille de cathédrale gothique.

Le cardinal enterrerait volontiers toutes les iniquités écrites sous toutes les bénédictions, pourvu qu'il ne fût pas obligé de lire. Le secrétaire, lui, inhume dans son livre vert, sous toutes les imprécations possibles, ce qu'il a le plaisir de déguster.

Tels sont les deux hommes qui dirigent la Congrégation de l'*Index*. Le reste ne vaut pas la peine d'être nommé. Il se compose des cardinaux indifférents et des prélats consulteurs, qu'on ne consulte pas. Des moines inconnus, embusqués derrière les livres, servent dans chaque pays de rabatteurs et analysent les œuvres signalées à la justice romaine. Cela ne va pas sans incidents ; on avait, par erreur, il y a quelques années, soumis à l'examen d'un religieux allemand la *Maison Tellier*, de Maupassant. Le Père ne savait pas un mot de français. Il fit un rapport où il déclara que ce livre d'architecture ne présentait pas d'erreurs

graves, mais seulement des lacunes, sur la construction des églises ! Grâce à cette analyse, Maupassant ne figure pas à l'*Index*.

Ils ne sont pas nombreux d'ailleurs, les roman-
ciers vivants que mentionnent les tables venge-
resses. Elles semblent mépriser les conteurs d'histoires et les regarder comme les sergents de ville
regardent les polissons, qui passent le long des
murs et gravent une malice avec la pointe de leur
couteau.

A côté de livres du dix-septième siècle, d'arrêts
du Parlement, dont tous les exemplaires ont péri,
écrasés sous le pilon du temps, se trouve une page
entière consacrée à Balzac. Le colosse a envahi
tout, même ce catalogue des pensées coupables,
où une ligne suffit pour les autres. Aussi, ces
œuvres de Balzac, que tout le monde a dévorées,
parce qu'elles ont dévoré le monde, sont interdites
et l'excommunion pèse sur les millions de lecteurs
qu'elles ont eus. Il est peut-être là, Balzac, au pi-
lori de l'Église, parce qu'il faussa l'Histoire, comme
lui seul pouvait la fausser. Peut-être aussi, la Cour
de Rome s'est-elle faite l'associée des commères de
la littérature qui firent profession de tuer le grand
homme. Le 18 brumaire de Balzac a été posthume ; et l'*Index* n'a pas effacé son arrêt. Réparer cette erreur est, dit-on, un des soucis de
Léon XIII.

A côté du livre d'un Cambronne, qui n'était pas l'héroïque orateur, près des *Mémoires de Casanova* voici Champfleury châtié tout entier en une ligne.

Entre Auguste Comte et M. Compayré, l'accident de l'alphabet place un livre condamné en 1693, et dont l'auteur semblait être l'héritier des prophètes. Cela s'appelle : « *Traité dans lequel on fait voir qu'il y aura un cinquième empire sur la terre qui sera plus grand que celui des Assyriens, des Perses, des Grecs et des Romains.* »

Prédire l'empire de Napoléon un siècle et demi d'avance, cela valait mieux qu'une condamnation.

Les princes ne sont d'ailleurs pas épargnés, et M. de Condillac est inscrit pour son cours d'*Études à l'usage de Mgr de Parme. L'Histoire de la Philosophie*, de Victor Cousin, ce chef-d'œuvre du chef déposé de la philosophie, mène sans transition aux œuvres des deux Dumas. Ici, tout est condamné en bloc, les œuvres du père, comme celles du fils, et dans toutes les langues, ce qui n'empêche pas les prélats romains de marier les filles du spirituel auteur de *Francillon.*

L'académicien se peut d'ailleurs consoler dans le voisinage des *Contes de La Fontaine.* Henri Heine n'est pas mieux traité : l'*Index* ne pardonne pas les ironies contre Rome.

Les rayons du Père Éternel que portait Victor

Hugo semblent avoir effrayé la Curie romaine. *Notre-Dame de Paris* et les *Misérables* figurent seuls à l'*Index*. Lamartine, moins imposant, est condamné pour quatre œuvres. Lamennais, ce ne fut pas la Congrégation qui le frappa; ce fut une encyclique du Pape que l'Église jeta en forme de boisseau sur les *Paroles d'un croyant*, comme si un boisseau pouvait éteindre la torche jetée dans le champ de blé mûr.

Les dictionnaires ne sont pas plus oubliés que les œuvres de génie. Le Larousse tout entier, ce bréviaire du journalisme moderne, figure ici, et l'érudition la plus lettrée est représentée par l'*Histoire d'Israël* de M. Ledrain.

Un bond mène à Michelet; mais ce n'est pas le gratteur du marbre des épitaphes qui est condamné; c'est le physiologiste tardif, l'auteur de l'*Amour*. Si l'on n'est pas étonné de trouver là les *Essais* de Montaigne, on passe avec stupéfaction à ce pauvre Murger qui ne fut jamais un danger pour l'Église.

Bien vieux semble Péreire condamné avec les Saint-Simoniens. Cette condamnation est tout ce qui reste d'un grand combat. Moins encore reste de Quinet, du lourd Quinet. Raspail, qui débouchait ses flacons au nez des jésuites, est moins oublié.

On trouve dans l'*Index*, le catalogue complet

des œuvres de M. Renan. Le vénérable prélat du Collège de France devait être joyeux de cette délicate publicité. Sainte-Beuve, lui, n'est condamné que pour *Port-Royal.*

Les chignons révoltés sont rares ; quelques institutrices, quelques ladies irrespectueuses nous mènent à George Sand, de son vrai nom baronne Dudevant, comme dit respectueusement l'*Index.*

Aurélien Scholl représente le boulevard dans le défilé des condamnés, comme Jules Simon, avec sa *Religion naturelle*, représente la douce, innocente et rosière Académie.

Les pseudonymes qu'il aimait n'ont pas sauvé Stendhal, ce dernier-né du dix-huitième siècle, cette expression raffinée du matérialisme radical. Rome n'a pu lui pardonner d'avoir aimé les Lombardes.

Eugène Süe et Frédéric Soulié personnifient une forme morte du roman. M. Taine, ce galérien du boulet professoral, n'est châtié que pour l'*Histoire de la littérature anglaise*, et c'est la volonté personnelle de Léon XIII qui a sauvé les belles études sur la Révolution.

Deux livres de Vacherot sont ici : la *Religion* et l'*Histoire de l'École d'Alexandrie.*

M. de Voltaire, comme dit l'*Index*, n'est pas condamné en bloc. On ne trouve qu'un choix de ses œuvres.

Quand on croit, à la fin, avoir rencontré Zola, on s'aperçoit qu'il ne s'agit pas de l'auteur de *la Terre*, mais d'un théologien du XVIIIᵉ siècle. Si le Maître souffre, dans sa modestie, de ne pas être classé, qu'il se rassure, Rome pense à lui.

Et c'est tout; cette poignée de noms est ce que Rome a trouvé de condamnable dans les lettres françaises jusqu'en 1892.

Les foudres de l'Église, comme celles du ciel tombent, on le voit, un peu au hasard. Mais quels effets produisent-elles? A quoi sont condamnés ceux qui sont condamnés? Les lecteurs des livres indiqués sont excommuniés. Or, l'excommunication, c'est la mise hors la loi, l'expulsion de l'Église; c'est plus grave que le péché, puisque tout prêtre peut pardonner le péché, tandis que des pouvoirs spéciaux peuvent seuls relever de l'excommunication. Quant aux châtiments qui attendent les auteurs et les éditeurs, ils sont moins graves que ceux réservés aux lecteurs. Pour être pardonné, il suffit de se soumettre, d'écrire une lettre où l'on rétracte son livre, et aussitôt la Congrégation de l'*Index* inscrit sur son catalogue, en face de l'œuvre condamnée, cette formule : « L'auteur s'est soumis d'une façon louable et a réprouvé son travail. »

A part ces mentions, la table de l'*Index* est froide comme un inventaire du Diable.

Quelquefois seulement, après le titre de l'ouvrage

17.

éclate une imprécation latine, par exemple celle-
ci : « Titre menteur d'un livre très menteur. » Pour
le reste, la foudre de l'Église est servie dans sa ge-
lée. Ordinairement elle tombe sur les auteurs sans
avertissement.

Une fois pourtant, l'*Index* prévint celui qu'il
allait frapper. Barbey d'Aurevilly venait d'écrire le
Prêtre Marié. L'archevêque de Paris eut peur de
ce livre où l'altitude des passions ne fait qu'en augmenter la violence, comme la hauteur des monta-
gnes augmente la force du vent. Barbey voulut se
défendre ; il demanda un théologien et l'archevêque lui en expédia un. Le foudroyé fut l'abbé. En
une heure de conversation le connétable des lettres
tourna, retourna son sujet et le pauvre abbé prit la
fuite, battu, convaincu et content. Le roman ne fut
pas à l'*Index*, ce qui prouve que les aigles ont des
serres pour crever les yeux aux oisons.

Quand Léon XIII aura réformé l'*Index*, peut-être
toute la littérature contemporaine figurera-t-elle
dans le catalogue. Ainsi, ce sera au moins vivant
et cela vaudra mieux que l'ossuaire actuel où
quelques éternels et quelques modernes se noient
dans un océan d'œuvres mortes.

II

L'ÉGLISE MÈRE DU DUEL

Un jeune homme pieux se jeta un soir dans le confessionnal d'un jésuite sec.

— « Que dois-je faire ? demanda le pénitent. J'ai été souffleté par un homme, mes devoirs de chrétien me permettent-ils de provoquer mon ennemi ? »

— « Il y a des cas, répondit le prêtre, où l'on demande conseil avant; il y en a d'autres où l'on demande pardon après. »

Et sur ce, le jésuite sec ferma le guichet qui le séparait du jeune homme pieux.

Le révérend père n'était pas du parchemin dont on fait les théologiens, mais il était du bois dont on fait les héros, car il est mort mangé dans une lointaine mission.

Les chrétiens à peu près droits sont indulgents, parce que le duel est un fils de l'Église, un fils que

sa mère ne veut plus reconnaître et qu'elle a eu
pourtant en légitimes noces, avec le moyen âge.

Le délit auquel le code ne se décide pas à faire
l'honneur de le nommer, fut pendant longtemps la
seule loi religieuse et la seule loi civile de l'Europe. Le duel s'appelait alors le jugement de Dieu
et servait à résoudre les questions difficiles, à terminer les procès compliqués.

Il avait été précédé par un serment sur les sain-
tes reliques, et la quantité innombrable des par-
jures avait effrayé les rois dans leur piété.

Robert avait seul cherché un expédient pour
maintenir le serment et éviter le duel : il avait fait
exécuter une châsse de haute mine, bien ciselée et
noblement décorée de cabochons précieux ; la châsse
était vide de toute relique. Ceux qui se parjuraient
sur ce monument sans âme avaient au moins le
mérite involontaire de ne pas insulter les précieux
souvenirs des saints.

Peu à peu, le duel devint un article de foi che-
valeresque et religieuse :

« Tous doivent croire aux jugements de Dieu,
disaient les capitulaires de Charlemagne, le doute
n'étant pas permis. »

Le duel qui n'était pas alors loyal, était une sorte
de sacrement de l'assassinat, précédé de prières,
d'aspersions, de bénédictions, de confessions, de
communions, et les évêques se faisaient un honneur

de dire, crosse en main, mitre en tête, une messe avec oraison spéciale avant que le combat ne s'engageât.

Les clercs se battaient avec les laïques, et nous voyons un empereur, Othon II, offrir au pontife Jean XII, de prouver son innocence par un combat judiciaire :

— « Si le seigneur Pape ne veut pas me croire, le duel prouvera la vérité de mon assertion. »

Ailleurs, c'est la continence d'un évêque qui est mise en doute par ses supérieurs. L'évêque, pour se justifier, demande un jugement de Dieu..... et il meurt percé très bas.

Les questions théologiques se résolvent sur le terrain : un assaut célèbre décide en Espagne entre les liturgies mosarabique et romaine. L'avantage reste à la romaine et l'adversaire tombe sur le terrain, piqué comme un papillon sur un liège.

Il était donc un simple retardataire, ce journaliste américain qui, malmené par un prélat, voulait récemment lui envoyer une paire de témoins.

Aux temps héroïques de la justice armée, les ordres militaires religieux protégés par le Pape, présidés par les cardinaux, inscrivaient le duel à la première page de leur Règle. L'ordre de Saint-Jacques, dûment confirmé par l'Église en 1175, repoussait tout aspirant chevalier qui avait refusé de se battre.

Brantôme, qui a consacré un livre à raconter les duels célèbres et qui a précédé dans cette chronique notre confrère le baron de Vaux, Brantôme, sire de Bourdeille, racontant le duel de Valenciennes, écrit ceci :

— « Fut alors apporté le livre Messel sur lequel prestèrent serment l'un et l'autre ; cela s'usait fort anciennement. »

Dans une autre anecdote le narrateur dit :

— « Les combattants commencent à se mettre à genoux pour faire leur prière à Dieu ; puis sont tastés par leurs parrains. »

Le moyen âge fini, les scrupules qui ne sont pas de piété, augmentent en proportion directe de l'affaiblissement des courages.

Les édits royaux et les bulles pontificales se croisent et s'unissent pour arrêter les duels, et Gaspard de Saux, épouvanté, écrit en ses mémoires ;

— « Ceux qui font des armes sont réduits entre deux extrémités : de perdre l'honneur, ou en le défendant, estre en péril d'une mort honteuse par les édits du Roy. »

Le désordre règne dans les consciences. Les duels sont encore ordonnés par certains tribunaux ecclésiastiques et l'on se bat dans la cour des palais épiscopaux.

Vient le concile de Trente, ce 93 de l'Église, qui

bouleverse la législation et foudroie duel et duellistes d'une façon précise. Le Concile édicte le refus de sépulture chrétienne pour ceux qui sont morts en combattant.

Sont excommuniés en bloc les adversaires, les témoins et aussi les gouvernements qui ne poursuivent pas le duel.

Clément VIII va plus loin : il étend l'excommunication à ceux qui fournissent les chevaux, les voitures, les armes, tous les accessoires des combats singuliers.

Voilà le duel condamné d'une façon terrible comme il a été jadis autorisé d'une façon féroce; ce qui prouve l'admirable faculté qu'a l'Église de suivre les oscillations de la politique et de varier dans son immuabilité.

En 1725, le Pape décide que non seulement les duellistes morts sur le terrain ne seront pas enterrés religieusement, mais encore que l'interdiction s'étend au blessé, qui aurait donné avant sa mort des signes certains de pénitence et reçu l'absolution. En même temps, le Saint-Père enlève aux évêques et à tout autre qu'à lui-même le droit de dispense.

Rien n'a été ajouté à cette législation depuis lors; rien n'en a été retranché — en théorie.

Cet excès de sévérité subsiste toujours dans la lettre et prouve simplement — dût la conclusion paraître étrange — que l'Église romaine admet le duel ou le tolère.

Il n'y a pas un prêtre qui refuse aujourd'hui le pardon à un duelliste blessé; or, d'après les textes formels aucun clerc n'a le droit de se mêler à cette affaire.

La sépulture chrétienne, formellement refusée par le Concile, est accordée sans difficultés, même aux duellistes morts sur le coup, quand ils ne sont ni trop pauvres ni trop manants.

L'Église n'exécute plus la loi qu'elle a faite; c'est la façon la plus galante et la plus discrète de donner aux bons chrétiens la permission de violer cette loi. Le prêtre ressemble fort à ce roi de France qui, après avoir couvert le pays d'échafauds dédiés aux duellistes, disait à un gentilhomme venu devant le tribunal royal :

— « On ne court pas implorer justice quand on porte à son côté l'épée pour se la faire. »

On trouve la même contradiction, entre le langage officiel de l'Église et sa tolérance secrète.

Il arrive quelquefois qu'une femme bien née, légitime sur le tard un enfant qui fut fait par erreur. L'Église, elle, se contente de donner le droit de bâtardise à son ancien enfant légitime, au duel qu'elle institua.

De temps à autre un abbé en mal d'épouvante se met à écrire autour des combats, mais il le fait

sans conviction, comme cet excellent prêtre lorrain
qui a commis un livre contre le duel et la valse,...
venus tous deux d'Allemagne, selon lui.

Pour le reste des catholiques, pour ceux qui portent une épée près du cœur, le duel reste un péché
interdit comme tous les péchés par l'Église, commis, hélas ! comme tous les autres péchés.

Ces fidèles-là ne se rachètent de cette faute,
quand ils la commettent, qu'en se confessant ;
c'est plus pieux ainsi et c'est aussi plus courageux.

Les théologiens eux-mêmes semblent abandonner
le combat contre le duel. M#gr d'Hulst qui, comme
il le sait, est le premier théologien de ce temps,
peut-être le dernier, M#gr d'Hulst, qui a pris à la
Chambre la place de Pic de la Mirandole, n'a pas
osé relever, dans des circonstances assez récentes,
un projet de loi oublié sur la terre parlementaire
par feu M#gr Freppel.

Il faut espérer qu'entre bons catholiques on continuera à se battre quelquefois, à s'injurier souvent et pour le principe, comme disait Brantôme,
déjà cité, « je m'en rapporte aux bons discoureurs
meilleurs que moi. »

III

L'ÉGLISE ET LA DYNAMITE

Deux hommes se rencontrèrent un jour sur les marches de Sainte-Clotilde, une église comme il faut, dont la froideur et le luxe conviennent à l'indifférence religieuse.

L'un était un vieux prêtre, vieilli dans les stériles honneurs du faubourg Saint-Germain.

En attendant de recevoir la récompense de ses calmes vertus dans un ciel gris, il bénit les mariages héraldiques et les prépare au besoin, pour se consoler de n'être pas évêque.

Le Pape, avant d'être républicain, a donné à cet aumônier officieux du grand monde, un liséré violet, la ceinture et les bas de même, avec le titre de *monsignor*, qu'on prononce monseigneur.

Sa figure grasse sort d'une soutane pincée à la taille comme un habit à la française, et ses deux gros yeux à fleur de tête ressemblent à deux lucarnes ouvertes sur un grenier vide.

L'autre est un moine aux gestes violents, à l'esprit agité, un moine sous la bure duquel l'orgueil et la piété, la foi et le doute se livrent des batailles sanglantes. Sa figure amaigrie dit les longs jeûnes et les lourds travaux.

Ils se rencontrèrent donc sur ses marches, courant faire chacun son métier, le prélat allant officier, le moine allant prêcher ; et ils se saluèrent :

— « Mon père, dit le prélat, vous qui êtes un peu prophète, dites-nous le jour où nous sauterons. »

— « Jamais, hélas ! monseigneur, repartit le moine. Les temps héroïques sont passés et l'Église n'aura plus de martyrs en France.

« Il y a quarante ans, si la dynamite et les explosions avaient été inventées, on aurait trouvé la première cartouche sous le porche d'une cathédrale, et cela aurait été heureux parce que la lutte prouve la vie et fortifie les vivants ; on ne hait que ce qui est à craindre. Aujourd'hui la Révolution passe à côté de nous sans nous saluer même d'une bombe ; cela prouve que nous ne sommes plus à craindre.

« Ce n'est pas que la Révolution ait tué l'Église. Après que ses prêtres eurent été avilis ou égorgés en 1793, les survivants revinrent plus puissants

reprendre leur place en France, parce qu'elle leur
était gardée par le respect du peuple.

« Alors, longtemps, nous méritâmes l'amour de
nos fidèles parce que nous méritions la haine de
nos adversaires.

« L'Église renouvelée et rajeunie avait, il y a vingt
ans, le choix entre deux chemins. Nous pouvions
lutter contre le présent au nom du passé, ou contre
le passé au nom de l'avenir. Le peuple, dont l'esprit pour être simple n'en est pas moins clair, le
peuple, au moins celui des campagnes, nous aurait
peut-être suivis dans une politique toute réactionnaire. L'Église préféra se faire elle-même impuissante en suivant à cloche-pied les régiments affolés
qui marchent vers la fin de tout. Nous nous sommes imaginé que la plus haute politique était de
faire une part à la Révolution, comme on en fait
une à la tempête, en allégeant le vaisseau. Nous
avons conseillé l'aumône tremblante aux bourgeois.
Nous leur avons dit de donner quelque chose pour
qu'un jour on ne leur prît pas tout. Nous sommes
aujourd'hui punis, pour avoir osé appeler cela de
la charité. Les bourgeois nous en ont voulu de
leur avoir demandé de donner, et les déshérités ne
nous ont pas pardonné d'avoir appelé don ce qui
était restitution.

« Générosité imprudente, si c'était une générosité de notre part; maladresse de la peur, si notre

peur a voulu être adroite; nous avons détaché de nous ce qu'il est convenu d'appeler l'élite et nous n'avons pas attaché à notre chariot usé celle qui se nomme la Foule.

« Pie IX avait failli devenir le Louis XVI de la Papauté; et un génie surnaturel — clarté de Dieu — arracha l'homme dans le pontife à l'aveugle bonté de son cœur.

« Léon XIII a eu peur de risquer le même accident que son prédécesseur et nous avons eu un Pape couronné à la tête — comme les chevaux le sont aux genoux.

« Il a tassé les vieilles idées sur la chaise de Pierre pour y faire une place aux idées nouvelles, et de ce mariage infécond rien ne naquit. Nos ennemis ont expliqué la perte de notre influence par des raisons grossières : la vieillesse de nos institutions, le reploiement de nos ailes ouvertes si grandes sur le monde. Mais ce n'est ni par lassitude, ni par découragement, ni par faiblesse que l'Église est tombée dans le coma où elle est. Elle ne peut pas se plaindre d'être oubliée, car elle a abdiqué le passé sans adopter l'avenir. Avec nos idées politiques surannées et vagues nous sommes restés des penseurs de seconde main, des libérâtres attardés. Sous prétexte d'y mettre un peu d'eau fraîche, nous nous sommes enfoncés dans la mare croupissante de la réaction ; et nous sommes si bien au fond

de l'eau que les armées nouvelles passent sans nous
voir et sans nous compter.

« L'Église « dont le renouvellement est voulu de
Dieu », comme disait Lamennais, l'Église s'oublie
dans les rêves de son sommeil. Ces rêves ce sont
les réconciliations des hommes déchaînés entre eux.

Un jour un vieux sultan eut la fantaisie orientale
de demander l'aumône à la porte de son palais et
personne ne lui donna. Aujourd'hui, le Pape la
demande à la porte de son Vatican, il tend sa tiare
aux puissances schismatiques, et les gros sous ne
tombent pas.

« Deux choses peuvent nous consoler de l'impuissance actuelle de notre religion et de l'indifférence
où les peuples sont tombés à notre égard. C'est
d'abord l'anéantissement où nous voyons réduite
la philosophie, dont les anarchistes négligent et
oublient l'ancienne force, après l'avoir usée. C'est
aussi l'impuissance des autres religions. La Russie
qui, en fait de respect du pouvoir, semblait avoir
la virginité de ses neiges, la Russie est aujourd'hui
plus révolutionnaire que la vieille Italie, et les nihi-
listes ont pour leur religion la même indifférence
que les anarchistes professent pour la nôtre.

« Il y a de grosses différences entre les barbares
du passé, qui refirent avec un sang nouveau le
monde détruit par leurs mains, et les barbares du
présent qui ne referont aucun monde avec leur

sang corrompu. Certes, les barbares du présent ont entre les mains des moyens de destructions, que n'avaient pas les premiers barbares. Mais les anciens avaient une chose que leurs fils n'ont pas : c'était une religion nouvelle qu'ils portaient avec eux pour remplacer les religions anciennes. Nos barbares modernes ont une bonne raison pour ne pas s'arrêter à renverser nos autels; ils ne veulent pas en élever de nouveaux et ils savent que pour démolir, nous suffirons à la tâche. Car nous, les prêtres, si nous ne sommes pas tombés dans l'amollissement des mœurs, nous sommes en train de crouler dans le ramollissement de nos esprits.

« L'Église en est venue à ressembler à cette vieille dame — grand'mère octogénaire — qui avait été fort belle. Voyant passer comme au temps de sa jeunesse des messieurs dans sa rue, elle croyait que ces messieurs, comme ceux d'autrefois, passaient pour la regarder. L'Église, elle, voit passer l'anarchie et elle croit que l'anarchie passe pour elle. »

Sur ces mots, le personnage violet rajusta les plis de sa ceinture et abandonna le moine pour saluer une grande dame qui montait le perron de Sainte-Clotilde.

C'était une grand'mère dont les trois petits-fils titrés sont à marier.

— Le Père X..., dit la dame, qui vous parlait tout à l'heure, était bien beau dans sa colère.

— Oh ! répondit le monsignor, il est fou.

IV

BILAN DE FIN DE RÈGNE

Au séminaire de la Propagande, semis de héros où la Foi prend ses forêts de martyrs, dans ce hautain palais de la place d'Espagne qui, au milieu de Rome, a l'air d'une prison d'État, on raconte que le supérieur, tous les ans, le 31 décembre, fait le bilan de l'année à haute voix, devant ses élèves réunis.

Il compte les prêtres jeunes et solides, soldats armés pour l'avenir, qui se sont dirigés vers les mondes sauvages et qui ont perdu la vie dans des supplices barbares.

Et l'année, pour ce vieux prêtre, revenu d'où peu reviennent, l'année semble d'autant meilleure que les victimes sont tombées plus nombreuses.

Il détaille, dans l'extase de sa foi, les tortures souffertes par les aînés, et pendant qu'il parle, les apprentis restent charmés, éblouis comme s'ils voyaient déjà le nimbe posé sur leur front blanc d'enfant travailleur.

Ainsi le vieux prêtre initie ses adeptes comme le bon négociant raconte à ses fils les affaires inconnues, inédites, pour attirer dans son négoce — un négoce de chair pure grillée pour le ciel.

Si Léon XIII imite la pieuse habitude de son plus beau séminaire, si le 31 décembre 1892 il a fait le bilan de ses œuvres, il a pu lui arriver de mourir de colère pour ressusciter de rage.

On le voit serré dans sa robe blanche, assis sur un fauteuil de paille, aux bras duquel flotte son mouchoir à carreaux, noir de tabac italien. Sa robe, cousue par des mains de femme est de laine blanche tricotée et non tissée. La taille flottante et sans couture, retenue par une large écharpe de soie, donne au costume l'aspect d'une draperie de vestale, plutôt que d'un vêtement de prêtre.

Sur une chaise, à côté, repose, soigneusement pliée, la vaste douillette de moire blanche, doublée de flanelle, qui a servi pendant le jour. Sur la table de style empire, où deux ou trois tabatières errent, courant les unes après les autres, sur la table une lampe à huile vacille comme la vie à moitié éteinte du Souverain-Pontife.

Le vieillard clairvoyant, semblable à tous ceux qui regardent la vie appuyés sur le rebord froid de leur cénotaphe, le vieillard regarde avec les yeux de son âme politique, l'année qui vient de tomber. Elle lui semble nue et désolée comme une plaine russe, avec quelques ravins dans le roc par-ci, quelques écorchures dans la terre par là et peut-être quelques taches sales sur la neige.

Il revoit, le Pontife suprême, la naissance de cette année. Dupé par son ambassadeur favori, le nonce Galimberti, qui a dirigé sa politique vers l'Allemagne. Il a cru, sur la foi de l'ancien aumônier de la marquise Spada, que le traité de la Triple-Alliance réservait les droits de la Cour romaine. Et il a été trompé, et son ambassadeur lui a menti. Et l'empereur Allemand qui est venu de sa main militaire serrer la main pontificale que les autres osent à peine baiser, Guillaume II lui a menti.

Le Pape a pendant des années suivi la politique du chancelier de Bismarck, écrasé de sa main paternelle les catholiques d'outre-Rhin, et cela pour aboutir à un échec cruel.

Alors le Pontife s'est tourné vers la France. Il sait, habile en tout, que dans notre pays les premières heures seules sont cruelles aux opinions nouvelles. Il a trouvé un esprit généreux, un prélat impatient, qui a bien voulu supporter le choc des injures et se déclarer républicain au péril de sa crosse.

Ici le vieux Pape sourit. Car il a été dupé par les

Allemands, il a, lui, faible et petit, dupé le grand et large cardinal Lavigerie, qui encombrait de ses larges et puissantes épaules et de sa volonté géniale les couloirs du Vatican.

Le Pape sourit à cause de cela et aussi parce que le cardinal Lavigerie, un candidat à la tiare, est allé rejoindre dans un monde meilleur les autres candidats, les Battaglini, les Alimonda, les Pitra.

Les causes de son évolution, Léon XIII seul les connaît et Léon XIII qui ne se fie à personne, est heureux de se les résumer à lui-même.

Il en voulait mortellement aux princes d'Orléans, dont l'économie sordide avait oublié le cadeau nécessaire à la mort du duc de Montpensier.

Il en voulait aux boulangistes qui avaient failli l'embarquer dans le carrosse funèbre du cimetière d'Ixelles. Il est monté dans le char républicain pour savourer d'abord le plaisir des dieux et des prêtres : la vengeance. Il avait aussi un autre but : la solution du procès des dix millions, pendant devant le gouvernement français. Il espérait enlever à l'Église de France cette royale aumône.

A la lueur de sa lampe, le Pape voit peut-être passer la large figure de la testatrice.

L'argent perdu, porte les souvenirs du Pape vers le plus coûteux des favoris, Mᵍʳ Galimberti. Ce

prêtre a été pendant trop longtemps le directeur
du Pape pour ne pas rester son ami. Il est arrivé
avec une réputation endommagée dans l'intimité
de Léon XIII. Il a créé des journaux sans autres
lecteurs que le Pape, et a fait croire que ces journaux étaient une force.

Ces souvenirs jaunissent la figure d'ivoire que les
soucis ont faite au Pontife. Il voit passer l'ombre
de Mgr Folchi, vice-camerlingue et administrateur
du Denier de Saint-Pierre.

Puis vient la commission de cardinaux, qui a
succédé à Mgr Folchi ; elle s'est occupée de donner
des coups de pieds au Pape, et ces coups de pieds
pour n'être pas d'âne, n'en ont pas été moins durs
au lion tombé.

Léon XIII veut, avant tout, ne pas recommencer
en 1893 à traverser le calvaire que lui a fait habiter
la querelle du cardinal Oréglia avec l'abbé Amalfitano.

Entre temps, au milieu de ces graves débats,
Léon XIII a eu d'autres difficultés. Le mariage des
princes de l'Europe lui ont donné des tristesses.
Les princes de la maison d'Orléans se sont mis en
tête d'unir une de leurs fleurs féminines au fils du
roi d'Italie. L'archevêque de Paris s'en est mêlé
et si Léon XIII a pour le vieil aumônier mitré de
la rue de Grenelle la plus profonde indifférence,
le financier tient fort à la lourde bourse que le car-

dinal porte tous les ans au pied du trône de Saint-Pierre.

Il a fallu trouver des prétextes, inventer des raisons, aplanir un terrain de conciliation et glisser sur le tout pour tomber sur le dos.

Enfin Léon XIII, lorsque dans sa mémoire il repasse l'année écoulée, Léon XIII se demande s'il ne doit pas regretter d'avoir choisi le cardinal Rampolla. Il reste sûr que pour son ministre le pouvoir est un devoir, rien de plus, rien de moins. Il sait que Son Éminence acceptera les responsabilités les plus lourdes et laissera à son maître les gloires les plus pures. S'il voulait changer de politique, il ne se créerait pas un adversaire en changeant de ministre. Le rêve du cardinal tout-puissant serait d'aller secourir les plus pauvres, d'évangéliser les humbles et de préparer le bon prêtre dans un archevêché de province. Mais le cardinal Rampolla manque de souplesse et Léon XIII craint d'être obligé de briser cet instrument trop droit.

Telles sont peut-être, au fond de sa vaste cellule, les réflexions du Pontife suprême quand il résume en sa mémoire, l'année écoulée. Il doit avoir une consolation; celle que lui donne son immense orgueil, lorsqu'il se dit que sa politique de roi sans royaume fixe l'attention du monde entier.

Il est curieux de voir l'Europe entière se passionner pour les petits incidents qui s'agitent derrière la toile de manœuvre du Vatican, toile faite des chefs-d'œuvre de l'art.

Ce qui sort de ces longues galeries, produit un effet plus dramatique sur l'imagination que si l'événement tout entier se déroulait en public.

L'étroitesse grandiose de cette maison au milieu de laquelle se meut un souverain d'âmes, séduit comme l'inconnu, et quand Léon XIII recevra un de ces jours l'archevêque de Paris, quand les deux vieillards se conteront les tristesses de l'heure écoulée, c'est à peine si le plus sceptique des cardinaux osera rééditer son vieux mot, imité d'un vers français :

Ces deux petites ruines se consolent entre elles.

POUR CONCLURE

I

QUAND LÉON XIII MOURRA

Si Léon XIII mourait demain, il y aurait dans la haute prélature une grande joie. Les statues de Marforio et de Pasquino n'existent plus à Rome pour recevoir sur leurs socles les lazzi du peuple. Mais les lazzi volent dans les bouches romaines et le Pape n'est pas épargné.

Léon XIII a tué dans son cœur les sentiments humains comme d'autres tuent les hommes dans les rues sombres. Un fait étonnant s'est passé l'an dernier : le Pontife avait près de lui un monsignor Boccali, son fils adoptif, une fleur de Pérouse, venue d'exil avec le Pape. La pensée de Boccali était la pensée du vieillard. Une seule chose divisait parfois ces deux hommes unis : c'était la présence au Vatican de la mère de Boccali, vieille, infirme et adorée de son fils. Le Saint-Père trouvait que cette affection *prenait du temps* à son ami.

Boccali est mort, il y a quelques mois. Il était au même étage que le Pape. Ce serviteur s'est éteint sans avoir reçu la visite de son maître. Léon XIII a interrompu son travail de vers latins pour envoyer une bénédiction écrite. Après quinze jours, la vieille mère a été renvoyée sans un secours. Les amis du défunt ont dû se cotiser pour payer à l'infirme le voyage de Pérouse.

La générosité avait fait la popularité de Pie IX. Son successeur n'a pas la main royale, et les prélats ne peuvent pardonner à un maître dont ils vivent maigrement.

De plus, Léon XIII est un conducteur d'hommes, et il a la main dure. Il fait des combinaisons sans se demander s'il ne marche pas sur des nerfs.

Enfin, à force d'habileté, il a échoué partout : en Irlande, en Pologne, en Allemagne, en Espagne et dans cette France où il a feint des sentiments républicains, pour faire tomber les fondateurs de la République.

Ces raisons, et d'autres, feraient de la mort du Pape une fête catholique. Mais la politique ne perdrait pas ses droits.

— « Si Léon XIII mourait aujourd'hui, nous aurions toutes les chances du monde pour avoir un Pape de la Triple-Alliance. »

Ceci était murmuré par un vieux prince de l'Église, débris fatigué des luttes de l'ancien règne, qui causait l'autre soir, assis à l'ombre des épaules de la marquise S...

Sans s'étonner à l'étonnement des auditeurs, le vieillard continua et dit ceci :

— « Depuis que Léon XIII, malgré son âge vénérable, s'est mis à jouer près du gouvernement français le rôle de charmeur pieux, la Triple-Alliance couve un Pape futur qui ne doit pas mourir dans l'œuf comme Léon XIII, lui, a échappé à la bavette.

La France, au contraire, ne songe pas à unir ses forces cardinalices à celles de l'Espagne, de l'Angleterre, de l'Amérique et des cardinaux mécontents parmi les Italiens.

Les papes prennent l'habitude de vivre si longtemps que notre République a perdu l'habitude de les voir mourir et de songer à leurs successeurs.

Jamais pourtant choix ne fut plus important ni plus difficile. Il faudrait la politique d'un Richelieu ou d'un Napoléon pour échapper au filet dans lequel la Triple-Alliance veut enfermer le Conclave futur.

Si Léon XIII mourait demain, sur les soixante-dix cardinaux qui sont les électeurs souverains et sans appel du pape futur, il n'y aurait pas plus de cinquante-neuf électeurs ; car Léon XIII n'a remplacé que quatorze rubis de son collier cardinalice. La mort lui en avait pris dix-neuf, parmi lesquels deux candidats et le Sénat chrétien compte toujours cinq ou six invalides dont les bulletins ne pourraient pas tomber dans le calice du Conclave, cette urne catholique.

Que ferait la France ? Rien. Que pourrait faire la France ? Tout. Nous avons six cardinaux qui sont à chapeaux tirés et dont les influences additionnées donnent à Rome zéro.

Le cardinal Desprez, une ruine, ferait, avec le cardinal Richard, un duo d'intransigeance. L'archevêque de Paris perdrait, en cette affaire, sa pauvre tête vide comme un sarcophage abandonné.

A l'autre bout de l'échelle, MM. Meignan et Thomas feraient la bascule. Ils ne connaissent pas une âme dans le Sacré-Collège et, déjà, ils sont assez connus à Rome pour être fort malmenés par leurs collègues. Un dîner du mois de février dernier a prouvé ce fait. Entre ses confrères, M. Langénieux ferait de grands saluts et donnerait sa voix à tout le monde... en promesses.

M. Lécot ferait ce que la vanité lui conseillerait et seul M. Bourret consulterait sa conscience.

Le cardinal Rampolla, l'homme le plus impopulaire du Sacré-Collège, serait le seul candidat de nos compatriotes,

Tous les insuccès, toutes les ruines morales et pécuniaires du règne actuel, on les attribue — peut-être à tort — au secrétaire d'État qui a l'air de mener le Pape et qui se laisse conduire comme un grand et faible enfant.

Cette situation a été brutalement résumée l'autre soir par Mgr Galimberti qui disait :

— « Les Français sont tellement supprimés au Vatican qu'il n'y a pas à compter sur eux dans l'élection future. »

En face de ce désordre, la Triple-Alliance a organisé ses forces. Ce parti a su canaliser les événements. Il profite du besoin de réaction qui se fait sentir à la fin de chaque pontificat. Dans l'Église, les successeurs sont toujours choisis pour corriger les prédécesseurs.

A Pie IX, qui ne faisait que de la religion, a succédé Léon XIII qui ne fait que de la politique. Le prochain Pape sera donc un Pieux.

Les trois empires de la Triplice s'entendent pour que le Sacré-Collège porte ses vues sur un Pape doux et d'humeur pacifique.

Ce n'est pas la conciliation avec l'Italie que l'on veut. C'est un *modus vivendi* tacitement accepté et coupé de quelques lamentations.

On prétend que l'Éminent Serafino Vannutelli serait un candidat de nos ennemis. Ancien nonce à Vienne, il sut plaire à François-Joseph. C'est un prélat dont la vie se passe à être séduisant, et il réussit. Brun, beau, de grande mine, il remplace la naissance par le bel air. Il a tous les bonheurs. Pour se rendre intéressant, il a failli se faire disgracier, mais il ne quittera les *Brefs*, la plus belle charge du Sacré-Collège, que pour l'évêché suburbicaire de Frascati. De plus, il n'est pas seul; il a dans Rome, son frère, autre cardinal, l'Éminent Vannutelli.

Ces deux beaux prélats, fleur de la Curie, portent dans leurs corolles rouges, le poison qui doit être versé à la France.

Ils sont doux, mais ils mêlent leur douceur à la haine pour la mieux faire pousser.

Le seul candidat que l'on pourrait aujourd'hui opposer à Serafino Vannutelli serait Parocchi. Ce prêtre austère serait le candidat du Saint-Esprit si le Saint-Esprit avait une voix au Conclave; mais l'avènement de Léon XIII a prouvé l'expulsion du Saint-Esprit.

Les timorés du Sacré-Collège voteront peut-être pour un cardinal neutre et sans sexe, homme pieux, aumônier déguisé en cardinal, qui s'appelle Monaco La Valetta. Ce candidat serait, aux mains de nos ennemis, une arme dangereuse.

On dit aussi que le roi d'Italie a obtenu récemment l'élévation à la pourpre d'un archevêque inconnu, nommé Malagolla, pour en faire son candidat.

Il y a dans Rome un salon, sorte de Coblentz ecclésiastique, où se sont réfugiées les traditions expirantes de l'autre règne pontifical. Il serait facile de réunir ces attristés et de les amener à voter avec un groupe de cardinaux étrangers. Il suffirait de les pressentir à temps et sans brusquerie.

Enfin, il ne faut pas l'oublier, quand Léon XIII disparaîtra, les cardinaux de son entourage ressembleront fort à ces poissons qui reviennent à fleur d'eau, évanouis, retournés et montrant un ventre sans écailles. Ces prélats appartiendront à qui saura les prendre au passage. »

Sur cette comparaison impertinente, le prélat termina son discours, et je termine ce livre.

FIN

TABLE

VANITÉS ÉPISCOPALES ET CLÉRICALES

LES ŒUVRES CATHOLIQUES

LA FRANCE AU VATICAN

LES RUINES DE L'ÉGLISE ROMAINE

LA POURPRE ROMAINE

LES FINANCES DU VATICAN

LES VARIATIONS DE L'ÉGLISE

POUR CONCLURE

BIBLIOTHÈQUE NATIONALE R.F. ESTAMPES

Paris. — Typ. Ch. Unsinger, 83, rue du Bac.

www.ingramcontent.com/pod-product-compliance
Lightning Source LLC
LaVergne TN
LVHW021121050726
842519LV00002B/316